O REINO DOS DEVAS
E DOS ESPÍRITOS DA NATUREZA

GEOFFREY HODSON

O REINO DOS DEVAS
E DOS ESPÍRITOS DA NATUREZA

Tradução:
HUGO MADER

EDITORA PENSAMENTO
SÃO PAULO

Título do original:
Fairies at Work and at Play

Copyright (c) The Theosophical Publishing House, 306 West
Geneva Road, Wheaton, Illinois 60187

Edição	Ano
5-6-7-8-9	96-97-98-99

Direitos reservados
EDITORA PENSAMENTO LTDA.
Rua Dr. Mário Vicente, 374 – 04270-000 – São Paulo, SP – Fone: 272-1399

Impresso em nossas oficinas gráficas.

AGRADECIMENTO

Desejo expressar minha gratidão e reconhecimento pela valiosa ajuda que recebi de alguns colegas, membros da Sociedade Teosófica, ao escrever este livro.

ÍNDICE

Prefácio. 9

Introdução. 11

Capítulo I
Duendes e Elfos 21

Capítulo II
Gnomos 29

Capítulo III
Homúnculos · 39

Capítulo IV
Ondinas e Espíritos do Mar 51

Capítulo V
Fadas 65

Capítulo VI
Silfos 73

Capítulo VII
Devas 79

Capítulo VIII
Espíritos da Natureza e Elementais no Cerimonial 99

PREFÁCIO

"Posso corroborar integralmente muitas das descrições dos espíritos da Natureza fornecidas pelo Sr. Hodson, assim como me sinto em perfeita harmonia com a atmosfera geral que seu livro transmite. Pequenos detalhes, aqui e ali, demonstram inequivocamente, para um irmão clarividente, que o autor viu o que descreve. A todo momento, sobressaem pormenores que recordam minhas próprias investigações de há muitos anos atrás. O Sr. Hodson parece ter se consagrado principalmente às maravilhosas criaturinhas que se empenham de corpo e alma ao aprimoramento do reino vegetal, e ele fornece um admirável relato de suas realizações. Não se ocupa tanto dos seres maiores, muitas vezes próximos da estatura humana, aos quais dediquei minha atenção ao estudar a vida das fadas.

"O Sr. Hodson captou do modo mais admirável o tom eminentemente alegre da existência dos espíritos da Natureza. Eles vivem em perfeita sintonia com os desígnios divinos, e seu desejo parece jamais conflitar com tais desígnios, como sucede freqüentemente conosco. Estou inteiramente de acordo com o Sr. Hodson quanto às diferenças de ordem geral observáveis entre as espécies mais comuns de fadas da terra e do mar. Sucede que tenho diante de meus olhos, o dia inteiro, em minha residência no Sul, uma vista maravilhosa, tanto da terra como do mar, intimamente associados, na qual sempre me detenho alguns momentos para observar atividades exatamente iguais às que se descrevem nestes artigos.

"O Sr. Hodson se faz merecedor das maiores congratulações, pois possui naturalmente as faculdades para o alcance das quais a maioria de nós teve de lutar tanto e tão arduamente. Que logo chegue o dia em que tais faculdades se tornem mais comuns, e em que a humanidade, por obra de seu progresso, alcance uma melhor compreensão do plano divino, a fim de que possamos modelar as nossas vidas de modo mais coerente com a Vontade Suprema.

"Artigos como estes justificam-se plenamente, por ampliar o conhecimento dos homens e mostrar-lhes melhor o magnífico e glorioso oceano da vida supra-sensível, que se manifesta em todos os planos da nossa existência cotidiana — existência que pode vir a ser maravilhosamente iluminada pelos conhecimentos proporcionados pela clarividência." (Trecho de uma carta escrita pelo bispo Leadbeater, após a leitura de alguns dos capítulos deste livro publicados periodicamente no *The Herald of the Star*.)

INTRODUÇÃO

É indispensável oferecer ao leitor comum algumas explicações acerca dos fenômenos relatados pelo Sr. Hodson nesta obra. Sem uma indicação quanto ao seu lugar na ordem das coisas, as observações registradas saberão a fantasia, e pode até ser que, para muitos espíritos céticos, elas não passem disso. Mas, para aqueles de nós que sabemos que tais registros são autênticos, o mínimo a fazer é oferecer uma explicação racional do material apresentado que, se não for inteiramente convincente, será, pelo menos, inteligível para a mente lógica.

A ciência atribui aos padrões variáveis de vibração do éter a causa de tudo o que é "material", tanto no mundo visível quanto no mundo invisível da experiência física. Sólido, líquido e gasoso são os três estados habituais da matéria. O éter, postulado como o quarto, é assim um meio no qual oscilam o calor e a luz — cada qual com séries conhecidas de comprimentos de onda. Também a eletricidade tem como seu campo esta quarta região da matéria, uma região que, suspeita-se, possui também suas subdivisões.

A velha tradição sepultada no âmago de todas as grandes religiões, tradição hoje conhecida como misteriosa ou oculta, amplia ainda mais a noção de matéria segundo padrões variáveis de vibração, a ponto de reconhecê-la numa dimensão demasiado ínfima para que seja avaliada ou comprovada por quaisquer meios físicos. Essa manifestação, não mais física, é ainda substancial, ou seja, pode revestir-se de uma forma e atuar de acordo com leis possíveis de descobrir. Ela é tão sutil que os eflúvios do sentimento ou da emoção bastam para afetá-la; por isso, é denominada matéria emocional ou, tecnicamente, matéria "astral". Uma grande variedade de fenômenos que lhe são relacionados já foram até certo ponto medidos e descritos por meio dessa mesma doutrina secreta. Além do mundo astral, descortina-se ainda uma outra região da experiência, a região mental, e, além desta, outras ainda de natureza mais e mais delicada, correspondendo a aspectos ainda mais espirituais da consciência. Todos estes padrões de vibração se interpenetram, do mesmo modo como os sólidos, os líquidos e os gases acham-se todos presentes numa esponja embebida de água — sendo a esponja o sólido, a água o líquido, e os gases os componentes da água. Assim é que o nosso universo físico apresenta, tanto à sua volta como em seu interior, atividades astrais e mentais que se desenvolvem paralelamente, intimamente associadas a seus fenômenos. Os fenômenos da "vida" — tais como o crescimento das células, as variações de estrutura, os súbitos desvios da norma, etc., cujas causas são tão pouco conhecidas — se devem à influência de universos mais sutis, como veremos adiante. Não admira, pois, que possam confundir ao observador cego a tudo, exceto aos padrões físicos da atividade.

É possível investigar esses padrões mais sutis, embora, para tanto, os órgãos da percepção tenham primeiramente de ser desenvolvidos. Os órgãos da percepção desses planos mais delicados da experiência têm que ser aprimorados um a um, a fim de que possam corresponder à classe de coisas que pretendem investigar. Na prática, tais mecanismos são encontrados apenas num corpo especialmente treinado. A natureza humana é particularmente dotada para essa busca, uma vez que o ser humano não está limitado ao corpo físico que nos é dado ver, mas possui, em cada um de seus planos, um "corpo" ou veículo de expressão, constituído pela matéria desse plano. Desse modo, o ocultismo ensina que toda alma humana serve-se de um corpo físico, que inclui tanto as camadas mais sutis do éter físico, como os sólidos, os líquidos e os gases e, também, de um corpo astral, ou emocional, e de um veículo mental.

À medida que a estrutura física se torna mais aprimorada e mais delicadamente organizada através do longo processo de evolução, estes corpos mais sutis também se tornam mais complexos e passam a especializar os órgãos da percepção em seus próprios planos. É esta a base da clarividência,* tal como agora é comumente chamada — uma experiência que pode comportar desde uma "visão" passageira num momento de tensão, induzida pelo órgão parcialmente desenvolvido que, eventualmente, é capaz de ver, mas não absolutamente de dispor dessa visão, até o controle pleno e consciente dessa visão interior. Neste último caso ela pode ser utilizada em seu nível próprio, tal como usamos

---

* Clarividência não deve ser confundida com mediunidade ou situações de transe. Referimo-nos aqui, exclusivamente, à clarividência.

a visão no plano físico. Mesmo então os fenômenos desses mundos são muito indefiníveis como comprovam esta ou aquela passagem dos registros do Sr. Hodson. Seu movimento, ou vibração, é comparativamente tão rápido, suas leis de atividade tão sutis, se comparadas com as do mundo físico, que as palavras não bastam para descrever o que se vê, e a visão muitas vezes falha em registrar tudo o que se gostaria de conhecer de um determinado fato.

O público é quem sai ganhando ao ter à sua disposição, neste livro, o registro das observações feitas por um vidente que, embora dotado sem dúvida de visão nos planos físico, etérico, astral e, em certa medida, em quaisquer dos planos superiores, é tão sincero no tocante às suas limitações como honesto na aplicação de seus dons. O Sr. Hodson admitirá, com freqüência, sua incapacidade de explorar a fundo as suas observações, bem como a falta de uma compreensão *integral* daquilo que vê. Ele registrou, muitas vezes no próprio local, as formas e as atividades que se ofereciam à sua observação, e suas afirmativas encontram confirmação independente em muitas fontes.*

E o que foi que ele observou? Uma vasta variedade de formas etéricas e astrais, grandes e pequenas, atuando organizada e conjuntamente naquilo que se deveria chamar de o lado *vivo* da Natureza, estimulando o crescimento, proporcionando colorido às flores, despontando nos recantos mais belos, brincando nas ondas e nas cascatas, dançando ao vento e à luz do Sol — na verdade, uma outra ordem da evolução, que corre paralelamente e combinada à nossa própria evolução.

A tradição popular nunca deixou de reconhecer sua existência e, em qualquer atalho do mundo onde os corações sejam puros e os espíritos simples, são comuns as histórias sobre esse "povo miúdo".** Eis-nos adiante de um registro de pesquisas que, cobrindo alguns anos, confirma em muitos pontos a tradição popular.

A doutrina secreta preenche, uma vez mais, as lacunas e, de fragmentos dispersos, forma uma teoria inteligível. Diz-se que a evolução dos *devas****se dá em conjunto com a da humanidade. No desenvolvi-

* Para maiores discussões acerca da validade desse fenômeno, ver *Fairies* [Fadas], de E. L. Gardner.
** Ver *Fairy in Celtic Countries* [Crença nas fadas nos países celtas], de Wentz.
*** *Deva*, termo sânscrito que significa "resplandecente", se aplica a todos os espíritos da Natureza, anjos e divindades menores.

mento das formas primitivas, minerais, vegetais e animais, são os espíritos da Natureza, os devas, duendes ou entidades menores (para lhes dar alguns de seus muitos nomes) que indicam o caminho a seguir. A eles cabe a tarefa de desenvolver formas belas e sensíveis. Quando a humanidade alcança a maturidade e passa a desenvolver suas faculdades interiores, a direção das atividades da Natureza começa a passar para as suas mãos. Podemos observar isso hoje em dia no mundo da agricultura.

Durante a última metade do ciclo evolutivo, tendo chegado a um entendimento dos princípios naturais de crescimento, a humanidade conquista a Natureza pela obediência às suas leis fundamentais, obtendo com isso também a obediência espontânea das ordens inferiores de espíritos da Natureza e a alegre cooperação das ordens superiores dos agentes invisíveis.

Embora o espírito cético da época possa questionar a validez de semelhante evidência, os espíritos arejados continuarão esta fascinante busca, tão rica de promessas para o bem-estar do mundo. O ocultista não vê "matéria morta" em parte alguma — toda rocha palpita com vida, toda pedra preciosa possui a sua respectiva consciência, por minúscula que seja. A relva e as árvores pulsam ao contacto de pequeninos agentes, cujos corpos magnetizados atuam como a matriz a partir da qual se tornam possíveis os milagres do crescimento e da coloração.

Como as notas e observações do Sr. Hodson que se seguem, dizem respeito diretamente a este ponto, resolvi inseri-las aqui, de preferência a reproduzi-las no corpo do livro:

> "Examinando os bulbos que crescem em álguns vasos, pode-se observar um sem-número de pequeninas criaturas etéricas e submicroscópicas evoluindo ao longo e em torno das plantas em crescimento. São etericamente visíveis sob a forma de pontos luminosos que oscilam em torno do tronco, atravessando de um lado para outro da planta. Possuem a faculdade de ascender no ar a uma altura igual à da planta, mas não mais, como pude observar. Tais criaturas absorvem alguma coisa da atmosfera para em seguida se entranharem no tecido da planta e aí descarregá-la. Esse processo é contínuo, as criaturas ficam inteiramente absortas em si mesmas, suficientemente autoconscientes para experimentar uma vaga sensação de bem-estar e de afeição pela planta, que consideram como sendo seu próprio corpo. Não possuem qualquer outra forma de consciência além dessa.
>
> Quando o processo de absorção se desencadeia, elas se dilatam e tomam o aspecto de esferas de cor lilás ou violeta-claro, de cerca de cinco

centímetros de diâmetro, de cujo ponto central fluem raios de força. As extremidades dessas linhas projetam-se ligeiramente para fora da circunferência. Tendo se expandido até alcançar as maiores dimensões possíveis, retornam para junto da planta, penetram-na e começam a descarregar a matéria ou a força vital por elas absorvida. O fluxo vital etérico e natural das plantas semidesenvolvidas atinge setenta centímetros de altura, e nele outras criaturas minúsculas brincam e dançam, atiradas para baixo e para cima pela corrente em que se deleitam. Para a visão etérica, o seu tamanho não ultrapassa a meio centímetro, embora ambas as variedades, do ponto de vista da medição de corpos sólidos, devam ser submicroscópicas.

Além deste, um outro processo de absorção se faz claramente visível por parte da própria planta, para a qual a matéria etérica flui de todos os lados. Em certos casos, tentáculos debilmente ondulantes são estendidos do duplo etérico da planta e, através deles, a matéria etérica vai sendo absorvida.

Estes tentáculos são tubos etéricos ocos, e ligeiramente curvos e mais largos nas extremidades, de cor cinza-claro. O mais longo que vi distanciava-se de dez a quinze centímetros da planta e apresentava um diâmetro entre um e um centímetro e meio.

Os pequenos espíritos da natureza, aparentemente, não concentram suas energias numa só planta, ou mesmo num só vaso, pois eu os vejo esvoaçando de um vaso para outro. Os próprios bulbos dão a impressão de grande força e de uma energia concentrada. São em tudo idênticos a usinas de forças que armazenam uma carga poderosa. Sua cor é o lilás-rosado, com uma luminosidade mais intensa em seu centro, a partir do qual a força que flui, já descrita, irradia-se verticalmente para o alto, arrastando em seu fluxo, num ritmo bem mais lento, o orvalho e os outros nutrientes.

Como resultado deste e de outros esforços para compreender os processos de crescimento, cheguei às seguintes conclusões:

No âmago de toda semente existe um núcleo de vida que contém, armazenados, os produtos das estações precedentes sob a forma de potencialidades vibratórias. Aparentemente, o despertar ou o impulso à vida na estação devida produz *som*. Este som pode ser ouvido por todas as partes nas regiões elementares em que os construtores atendem ao chamado para o trabalho. Cada modalidade de crescimento, seja do tronco, do rebento, da folha ou da flor, parece possuir sua própria nota ou chamado, à que o espírito da natureza "construtor" correspondente deverá responder. Esse som tem também uma função geradora de formas, sendo provavelmente este o meio pelo qual a forma arquetípica é traduzida para o plano etérico, convertendo-se, então, no molde etérico.

Alguns dos efeitos desta vibração parecem ser os seguintes:

(1) Separar e isolar uma porção da atmosfera em torno da semente;

(2) Convocar os construtores, que, ingressando na esfera específica, são capazes de se materializar no subplano em que terão de operar;

15

(3) Manter a matéria vibrando no interior da esfera com a intensidade requerida e prepará-la, a fim de não retardar o trabalho dos construtores;

(4) Provavelmente, também, materializar a forma arquetípica num molde etérico.

Novas vibrações vão sendo introduzidas à medida em que a folha, o rebento, o tronco e a flor estão prestes a ser construídos, de modo que a matéria livre correspondente seja afetada e o seu construtor chamado e posto a trabalhar na matéria apropriada.

A vibração, ou o som, parece irradiar-se não apenas do núcleo vital, de onde em princípio ele se origina na devida estação, mas também de toda a célula embrionária. O construtor correspondente absorve a matéria apropriada, isto é, a matéria que responde à mesma vibração dele próprio e da célula que ele está construindo, e a transforma, por associação com ele próprio, numa condição adequada, mudando-a de material livre em material especializado, que, a seguir, é descarregado, átomo por átomo, na célula que está emitindo o som, construindo-a dentro do modelo etérico. A célula vibrante funciona como um ímã, que atrai o material recém-chegado à sua posição correta, de modo que a célula seja gradualmente alargada até atingir o seu limite máximo de expansão possível, quando ela se divide e uma nova célula é gradualmente construída através da repetição do mesmo processo.

Enquanto o material se acha em estreita associação com o construtor, ele não só se torna especializado para atender às exigências da célula, como também lhe é dada a vibração luminosa à qual seu construtor naturalmente responde, ou seja, ele é colorido.

Nos estágios iniciais, quando apenas o rebento verde está despontando, são usados construtores de uma determinada categoria; trata-se de pequeninas criaturas etéricas, visíveis sob a forma de pontos luminosos. A folha e o talo parecem constituir o seu canteiro de obras. Todas as mudanças operadas na estrutura e na coloração exigem um novo grupo de construtores.

Quando chega a vez do talo e da flor, um novo grupo de construtores entra em cena. Estes, aparentemente, são mais evoluídos, pois logo que chegam todo o processo de crescimento é acelerado e ativado.

Todos trabalham exatamente do mesmo modo e, assim que o processo de coloração se inicia, as *fadas propriamente ditas* surgem e imprimem sua intensidade especial de vibração, transformando o branco e o verde na cor específica a que corresponde a nota que as conclamou e pela qual trabalham.

São elas suficientemente avançadas para ter inteira consciência de sua tarefa e encontrar grande prazer no seu alegre desempenho, pois se orgulham imensamente da "criança em crescimento" que se acha sob seus cuidados.

Elas permanecem totalmente absortas, enquanto cada pétala ou botão se abre, até que a estrutura seja completada e a tarefa dos construtores fique concluída. Elas se mostram conscientes e reconhecedoras da

16

admiração que os seres humanos têm pelo seu trabalho; ao aproximarmo-nos, porém, elas parecem rogar-nos para que a flor não seja danificada e, se acaso ela é cortada e levada para dentro de casa, elas a acompanham e ficam ao seu lado por algum tempo.

Quando a flor atinge seu pleno desenvolvimento, o acorde todo soa — e, se pudéssemos ouvi-lo, nossos jardins teriam um encanto maior. Não ouvimos, porém, esse acorde, muito embora possamos, em alguns casos, apreendê-lo sob a forma de aroma. Sim, podemos sentir o aroma dos sons!

À medida que a força vital se exaure, as notas vão se extinguindo e ocorre uma inversão. Processos sumamente intricados parecem desencadear-se quando, privado do poder de controle e condução, tem início o processo de definhamento.

Vale notar que, na atividade instintiva de absorção e descarga, os construtores, que se diz estarem situados no mesmo estágio evolutivo das abelhas, desempenham uma função bastante análoga à delas quando deixam suas moradas em busca de mel, trazendo-o e descarregando-o nas células da colméia."

Uma palavra deve ser dita quanto ao aspecto desses "construtores", com toda a sua variedade de formas e aparências. Todas as formas dos universos interiores, compostas de matéria tão sensível a ponto de refletir as vibrações do pensamento e dos sentimentos, são naturalmente fluídicas e mutáveis ao extremo. É impossível afirmar que quaisquer fadas, gnomos ou devas superiores possuem um corpo definitivamente "sólido", tal como entendemos o termo. Pode ser que, eventualmente, eles se materializem, servindo-se para isso, muitas vezes, das formas-pensamento que as crianças e os camponeses lhes atribuem; outras vezes, como no caso do duende que copiou as botas do Sr. Hodson (veja à p. 26), eles imitam formas que viram e apreciaram. Ninguém que compreenda um pouco as leis do pensamento, bem como algo acerca da natureza desta espécie de seres e da sua falta de uma organização mental claramente delineada, há de surpreender-se com o fato de as fadas da tradição e as fadas observadas pelo clarividente apresentarem as mesmas vestimentas aladas, varinhas de condão, estrelas cintilantes ou coisa que o valha. Surpreendente seria se assim não fosse. A entidade elementar se alegra em assumir uma forma-pensamento já pronta, do mesmo modo que uma criança esperta se diverte com os seus disfarces! Ela usará essa forma-pensamento para trabalhar ou brincar, conforme lhe convenha.

O "corpo" natural usado pelas entidades elementares parece possuir a forma de um globo palpitante de luz. As correntes de força que se irradiam a partir de seu centro engendram figuras flutuantes, "asas" de energia radiante e delgadas formas de aspecto vagamente humano. Nas formas mais evoluídas, a cabeça e os olhos são claramente reconhecíveis, quando não a figura na sua totalidade, com um "centro" luminoso que brilha à altura do coração ou da cabeça. Um silfo desta espécie poderia materializar-se numa bela figura masculina ou feminina e atuar no plano etérico entre as plantas, os animais ou mesmo entre os seres humanos; mas o seu corpo natural permaneceria no plano astral, iridescente, mutante, pulsando em conjunção com as forças astrais, nunca se limitando a uma forma fixa ou definida.

O relato acerca do crescimento da planta que acabamos de citar apresenta-nos à mais modesta das espécies de espíritos da Natureza em atividade. No reino dos devas, a variedade das formas é infindável, mas a tradição as classifica aproximadamente em quatro grupos, conforme o elemento em que atuam. Os espíritos da terra, da água, do ar e do fogo são chamados respectivamente de gnomos, ondinas, silfos e salamandras. Isso não significa, porém, que um gnomo permanecerá para sempre um gnomo. Ele poderá evoluir ao longo dos séculos rumo a formas sempre superiores: após zelar pelas plantas e árvores, pode ser que ele venha a esposar o elemento do fogo ou mesmo, posteriormente, tornar-se um anjo de grande valor no trabalho de evolução da espécie humana.

A consciência dos devas é muito mais emancipada do que a consciência humana. Sua mentalidade e senso de responsabilidade variam enormemente de acordo com seu desenvolvimento. Pequeninas criaturas etéricas, que trabalham na relva, correm para lá e para cá, sem objetivo, "zanzando" feito moscas ao sol. A incessante movimentação dessas manchas etéricas desempenha uma função — a de manter ativa a circulação vital da relva e, assim, estimular o crescimento nesta ordem inferior da vida vegetal — apesar de essas entidades menores não possuírem senão uma consciência gregária, se é que possuem alguma, da finalidade de sua existência. Assim também, os grupos de trabalhadores, os duendes, elfos e trasgos parecem se entregar às suas atividades como um enxame de abelhas ou um formigueiro, sem qualquer responsabilidade individual, embora instintivamente afinados com o plano da Natureza. Os gnomos e as fadas ainda não possuem uma mente individual, própria, isto é, que seja capaz de seleção e discriminação em face de opostos igualmente equilibrados; sua inteligência poderia ser comparada à de um cãozinho de estimação ou à de um animal doméstico que, muito embora alertas e observadores, não são ainda seres racionais, sendo isso algo que pode ser comprovado desde as ordens inferiores até os devas de elevada capacidade mental.

Esses trabalhadores da Natureza diferem, pois, do homem, sobretudo quanto a esse ponto: a humanidade (por mais que ela o ignore) tem como seu centro de consciência as faculdades mentais, ao passo que os espíritos da Natureza têm na intuição o seu centro supremo de autoconsciência. E isso é algo que suas atividades demonstram por si mesmas, com o seu espírito quase inconsciente de colaboração com os demais seres de seu próprio nível, com a obediência espontânea aos membros de seu próprio reino que ocupam uma posição mais elevada e com a sua percepção imediata do plano da Natureza para o crescimento em todos os reinos. Tal percepção consiste, não num conhecimento analítico, mas num reconhecimento inconsciente de sua importância, bem como de um verdadeiro prazer em servir a seus propósitos.

A organização do trabalho baseia-se num sistema hierárquico voluntário. De acordo com a tradição, o conjunto das atividades é dividido em sete linhagens. No alto de cada uma delas situa-se um grande arcanjo, um dos "sete espíritos que estão diante do trono divino", e abaixo dele, numa escada de Jacó de desenvolvimento a que não falta nenhum degrau, situa-se a ordem das hostes angelicais, os construtores da Natureza. Os devas superiores conhecem o plano e o disseminam, como por uma espécie de osmose mental, a todas as ordens situadas mais abaixo. Cada grupo possui o seu líder, que se faz responsável perante o líder do grupo situado acima. É algo do maior interesse observar os traços dessa disposição hierárquica nos fatos observados pelo Sr. Hodson.

Descrevemos aqui as atividades de algumas das formas etéricas, assunto que será tratado mais a fundo nas páginas que seguem. As fadas, os silfos e as salamandras de ordem superior possuem o seu centro de consciência no plano astral, transferindo-se para o plano físico principalmente para estimular o crescimento das árvores e das plantas maiores. Aí pode ser que eles desempenhem o papel de princípio vital de uma árvore ou de um grupo de árvores (tal como os "dríadas" da tradição), estimulando, com o magnetismo de seus corpos, as mais lentas funções de crescimento, como a circulação da seiva, etc.; ou então, pode ser que eles se empenhem na irradiação de poderosos influxos sobre determinados pontos denominados "centros magnéticos", que foram colocados sob seus cuidados, ou contribuam para a produção, estabilização e distribuição de formas-pensamento, tais como aquelas advindas de práticas mágicas, religiosas, de música de orquestra, etc. Os devas ou anjos mais evoluídos que já alcançaram o nível da autoconsciência, tornam-se guardiões de nações e de grupos específicos, desempenhando um importante papel no plano da evolução, tanto no nível físico como nos demais, atuando como anjos mensageiros que fazem chegar a vontade do Altíssimo a todos os mundos.

O estudo do "lado vital" do crescimento pode nos ajudar a compreender melhor a irresistível inteligência propulsora que ocultamos sob o nome genérico de "Natureza".

Partilhando de sua exuberância vital, os agentes transformamse, assim, em colaboradores verdadeiros e amistosos e, mais ainda, em sua companhia podemos compreender algo da missão que nos cabe. Na medida em que deixemos de ignorar as atividades dos devas e dos espíritos da Natureza e reconheçamos sua dependência parcial em relação à mente humana e a surpreendente resposta que daí advém quando se faz esse reconhecimento, muitos dos nossos problemas e dificuldades serão resolvidos e a vida será muito mais bela do que qualquer coisa que já tenhamos concebido.

E. L. GARDNER

Janeiro de 1925.

CAPÍTULO I

DUENDES E ELFOS

Os duendes por mim estudados, embora variassem consideravelmente nos pormenores, sempre apresentaram certas características comuns capazes de situá-los inequivocamente em sua própria família. Eles adotam sempre um estilo medieval de vestuário. Uma pequena túnica marrom, às vezes guarnecida por uma ampla gola debruada, botões brilhantes e debruns de cor verde, calções marrons, meias rústicas e dois tipos de calçados: ora uma "bota de lavrador", longa e pesada, ora um sapato de bico fino, de confecção mais leve. O modo como ocorrem tais variações será visto através da descrição, fornecida adiante, da manufatura de um par de botas de duendes.

A cabeça é geralmente coberta por uma touca longa e pontuda, se bem que, às vezes, um chapéu duro e de abas curtas substitua o barrete de camurça mais comumente usado. Grupos de duendes, absortos em suas ocupações, foram vistos usando aventais bastante semelhantes aos usados pelos ferreiros; fivelas e fechos brilhantes geralmente também fazem parte de seus equipamentos. Trabalhando, os duendes portam e simulam utilizar ferramentas, principalmente pás e picaretas, com as quais eles cavam a terra com grande aplicação.

Os duendes variam de compleição: os representantes de algumas tribos são baixos e atarracados, gordos e roliços, de membros curtos; já outros, são magros e de aparência jovial. A sua altura varia de dez a trinta centímetros. O rosto é parecido com o de um velho, com sobrancelhas acinzentadas, barba e bigode, tez avermelhada, curtida pelo sol e pela chuva. Seus olhos são pequenos e redondos, de uma expressão cândida, cordial e bucólica.

São, por natureza, criaturas comunicativas e amistosas, andam em bandos e, como a maioria das criaturas da fantasia, são altamente miméticos nos seus hábitos, nos seus modos de vestir, de brincar e de trabalhar. Seu elemento é a terra, possuindo eles muita coisa em comum com a simplicidade rústica do lavrador. Aparentemente, o tipo é de origem medieval, pelo menos o seu aspecto presente é com certeza modelado a partir do homem do campo daquele período. A função por eles desempenhada no processo da Natureza não é muito clara; são, geralmente, encontrados na superfície do solo ou logo abaixo dela, entre as raízes de árvores e plantas. Pude observá-los enquanto cavavam a terra, com a maior solenidade, em volta das raízes das plantas em crescimento, mas, como esta mesma expressão de simulação e seriedade afetada impregna todas as suas atividades, nunca se sabe ao certo se eles encaram os seus esforços como trabalho ou como passatempo. Os relatos que se seguem, baseados em diversas observações feitas em algumas ocasiões diferentes, podem nos ajudar a compreendê-los melhor.

UMA ALDEIA DE DUENDES

Numa densa floresta de carvalhos, aveleiras e algumas faias.
Lake District, 28 de junho de 1922.

"Na encosta escarpada de um dos penhascos da costa ocidental de Thirlmere, existe uma grande colônia de duendes; vivem logo abaixo do nível do solo, mas passam o tempo tanto acima como abaixo da superfície. Avisto um certo número de casinhas minúsculas logo abaixo da superfície da colina. O seu formato é absolutamente perfeito e em sua maioria são de madeira e cobertas com palha, apresentando janelas e portas. Espalham-se irregularmente pela encosta da colina. Entre elas, em meio às raízes e rochas que as circundam, podem-se ver inúmeras figuras de duendes. O que se segue é uma tentativa de descrever um deles, escolhido ao acaso.

Não ultrapassando mais que treze centímetros de altura, ele parece um velhinho, levando na cabeça um chapéu marrom talhado como uma touca de dormir e usando uma vestimenta também marrom, que consiste de um calção folgado, que os duendes parecem geralmente adotar, meias e botas. Seu rosto é coberto por uma barba acinzentada e transmite uma expressão de rusticidade antiga. Não se pode deixar de observar que eles simulam uma vida doméstica, muito embora eu não visse nenhuma figura feminina nesta aldeia de duendes. Os duendes literalmente fervilham por esta encosta da colina e diferem muito pouco entre si quanto à aparência, quanto à expressão ou à inteligência. Parecem estar apenas "evoluindo" por aqui. Eles se diferenciam de todos os outros duendes que vi anteriormente pelo fato de não parecerem *trabalhar* em sintonia com qualquer processo da Natureza; embora venerem as árvores, não parecem em absoluto servi-las.

Um dos espíritos da Natureza mais pueris dentre os que "vivem" aqui aproxima-se de mim agora e, guardando uma distância de dois ou três metros à minha direita, passa a se "exibir", com gestos extravagantes e humor simplório. É muito mais magro do que os outros duendes que aparentam o aspecto de velhos, e dele se desprende uma sensação de *cor* — um pouco de vermelho sobre o chapéu (que é cônico, com a ponta pendendo ligeiramente para trás) e um pouco de verde em seu costume marrom. É com dificuldade que posso identificá-lo com um duende; seus pés acabam por se reduzir a um ponto, seus membros inferiores são finos e alongados e suas mãos grandes demais para o resto do corpo. Apóia a mão esquerda na cintura e com a direita aponta na direção da floresta, como se orgulhosamente exibisse as maravilhas do lugar: a esse orgulho acrescenta-se uma boa dose de presunção e de vaidade infantis. Seu rosto é bem barbeado e avermelhado, os olhos são pequenos, o nariz e o queixo pronunciados, a boca, já bastante larga, alarga-se ainda mais para um arreganho. Seus gestos e a sua postura são surpreendentes, pois é tamanha a flexibilidade do seu corpo que ele pode dobrar-se e estirar-se em quase todas as posições.

Não consigo fazer com que ele se aproxime um pouquinho mais, pois de imediato começa a demonstrar apreensão. Parece inquieto, mas não, suponho, verdadeiramente atemorizado. A "aura" humana é dissonante para ele, e ao seu contacto provavelmente perderia o equilíbrio. Por outro lado, constato como é etérea e frágil sua constituição, que possui menos consistência do que uma lufada de ar; não obstante, suas formas são claras e perfeitamente delineadas e todos os detalhes absolutamente nítidos.

Voltando novamente a minha atenção para a comunidade dos duendes e esforçando-me para apreender alguns detalhes de sua vida, certas peculiaridades se destacam. Por exemplo, uma tentativa de observar o interior de suas moradas revelou, para a minha surpresa, que elas não possuíam nada dentro, pois quando alguém passava pela porta, não havia nada lá! A fachada exterior é absolutamente perfeita e muito pitoresca, mas o interior não é mais do que escuridão. Na verdade, a ilusão de uma casa desaparece inteiramente quando a consciência dirige a atenção para o seu interior. Algumas linhas finas e ondulantes de magnetismo são tudo o que se pode ver. Os duendes, ao passarem pela porta, abandonam as suas formas de duendes e mergulham para o fundo da terra num estado relativamente informe. Todos parecem se julgar atarefados, precipitando-se pelo recinto com ares de seriedade — para mim, entretanto, tudo não passa de puro faz-de-conta. Parece não haver muita comunicação entre eles, sendo todos excessivamente auto-suficientes.

As casas não pertencem a nenhum indivíduo ou grupo — qualquer membro da colônia pode utilizá-las, limitando-se essa "utilização" meramente a passar para dentro e para fora através da porta. Certamente, eles sentem alguma satisfação em contemplar o exterior dessas casas. Entre os pertences desses duendes selváticos, não vejo nenhuma das ferramentas de trabalho, embornais ou aventais que notei em outras ocasiões. Parecem ser menos inteligentes e evoluídos, mais centrados em si mesmos e muito mais desprovidos de finalidade em sua existência do que quaisquer outros duendes com os quais já me deparei."

A MORADA DE UM DUENDE

Preston, janeiro de 1922.

"Por algumas semanas, minha esposa e eu nos apercebemos da presença de um espírito da natureza da família dos duendes dentro de nossa casa. Ele foi visto, a princípio, na cozinha, numa prateleira sobre o fogão, e, posteriormente, no saguão e na sala de visitas. É um pouco diferente, por sua consciência e aspecto, dos duendes trabalhadores que até então tínhamos visto. Naquela tarde, ele entrou na sala de visitas, *via* porta fechada, através da qual ele havia sido visto passar e tornar a passar. Começou a dar cambalhotas pela sala e o raio intermitente de luz etérica que acompanhava os seus rápidos deslocamentos atraiu minha atenção. Deduzi que tais movimentos expressavam sua satisfação pelo meu regresso, após uma ausência de três dias. Ele considera-se, naturalmente, um membro da família, não deixando de haver também a sugestão de que *foi ele quem nos adotou*. Esse estado de coisas deixa-o muito feliz, e assim ele consegue dar a impressão de pertencer ao lugar.

Ele tem uns treze ou quinze centímetros de altura, usa um capuz marrom de formato cônico, de textura semelhante à da camurça, que pende para trás de sua cabeça. A sua fisionomia é radiante, esbelta e jovial, seus olhos são redondos e brilhantes, de cor marrom-escuro. O pescoço é um pouco longo e fino demais para o nosso senso de proporções. A sua vestimenta é constituída por um jaleco justo, de cor verde, calções que vão até o joelho e meias cinza e marrons de material rústico; nesse instante, ele está calçando um par de botas muito grandes, um tanto desproporcionais em relação ao seu corpo.

Ele é bastante esperto, muito descontraído e obviamente tem alguma estima por nós, embora nem sempre nos apercebamos da sua presença. Concluo que a cozinha é o seu *habitat* preferido e que, de alguma forma, a visão dos utensílios domésticos lhe agrada. Mais uma vez, ao contrário dos outros membros de sua espécie com que até então nos tínhamos deparado, ele não pertence a um bando, tampouco parece ter amigos ou parentes. Quando eu disse isso, ele, sentado na mesma postura em que o encontrara quando comecei a descrevê-lo, olhou-me com um ar que exprimia plenamente que, pelo que lhe tocava, éramos *nós* os seus parentes e amigos.

Ele encontra seus divertimentos e ocupações de maneira toda peculiar, e evidentemente possui em si mesmo tudo o de que necessita. A seu modo simples, ele idealizou a casa, o lar e os afazeres domésticos, e parece experimentar uma grande satisfação por sua ligação com isso. A sua inteligência é de uma infantilidade absurda; não possui nenhuma faculdade de raciocínio e quase nada do que chamamos de instinto nos animais. Ele simplesmente representa algumas ocupações imaginárias e se diverte com elas, retirando-se, para isso, quase sempre a um canto e se fechando a tudo o que não pertença ao mundo de fantasia que criou para si. Este, aos meus olhos, se parece a uma névoa azul-lavanda de fascínio, a envolvê-lo como um enorme casulo; nesse lugar, ele brinca como uma criança com seus blocos de armar. Ele tem consciência das nossas saídas e chegadas; demonstrou isso claramente numa ocasião recente, quando íamos deixar a casa por uns dez dias. Fora o efeito que exercem sobre ele as emanações humanas, não consigo encontrar qualquer outro motivo para a sua presença. E é certo que ele não faz a menor força para corresponder às lendas sobre a sua espécie e se entregar a algum tipo de ocupação doméstica! Embora ele não chegue a se materializar, é no entanto capaz de ampliar a sua visibilidade e de adotar, em vez da forma que descrevi, uma outra mais sutil."

CONFECÇÃO DE UM PAR DE BOTAS DE DUENDE

Diante do monte Helvellyn. Novembro de 1921.

"Entre as criaturinhas que povoam essa encosta, a primeira a chamar a nossa atenção foi a de um velho duende que, mal tínhamos nos sentado, passou correndo por nós em direção à borda do pequeno pinheiral que havia às nossas costas.

Tinha de quinze a vinte centímetros de altura e usava um comprido capuz pontudo, como um cone ligeiramente irregular, e um pequeno jaleco verde, pregueado na barra, que lhe caía sobre os quadris; este tinha uma barra marrom, fechado por botões, e uma grande gola, parecida com um manto, também pregueada e bordada na barra; a sua vestimenta completava-se com uma calça curta. Os seus membros inferiores pareceram-me, a princípio, os de um elfo (isto é, longos e pontudos). Trazia longas barbas cinzentas e ralas, e tanto o seu rosto quanto o seu corpo pareciam mais magros e ascéticos do que os de um duende comum. Lembrou-me vagamente uma caricatura de Tio Sam, vestido com os trajes atribuídos a Falstaff.

Demonstrou um vivo interesse pelo nosso cachorro, chegando mesmo a aproximar-se de seu focinho sem qualquer temor. Parecia incapaz de reconhecer o grupo como um todo. Ele intuiu a presença dos seres humanos, mas o primeiro detalhe que o atraiu foi o par de botas que eu usava — umas botas de borracha, guarnecidas de lona na extremidade dos canos. Após contemplá-las fixamente, passou a fabricar para si uma imitação bastante fiel delas, que o encheu de orgulho. A sua própria representação mental bastava-lhe para cobrir os pés com uma cópia daquilo que estivera a contemplar com tanta admiração. Depois de caminhar pomposamente, como que para se acostumar a elas, ele finalmente dirigiu-se com passadas largas e decididas para a floresta."*

---

* Transcrito de *The Herald of the Star*, dezembro de 1922.

ELFOS

Minha experiência é bastante limitada, no que diz respeito aos elfos, e eu não conto senão com as duas descrições abaixo para oferecer como exemplos de um tipo que parece não ser muito comum naquelas regiões do país que visitei com o propósito de fazer investigações. Os elfos se distinguem dos outros espíritos da natureza principalmente porque sua vestimenta não parece guardar qualquer semelhança com a indumentária humana, e também porque sua constituição corporal parece consistir de uma massa compacta de substância gelatinosa, e não apresentar qualquer estrutura interna.

OS ELFOS DA FLORESTA

Sob as velhas faias da floresta de Cottingly. Agosto de 1921.

"Dois pequeninos elfos da floresta passaram correndo pelo terreno que se estendia às nossas costas, enquanto nos sentávamos sobre um tronco de árvore caída. Ao nos verem, deram um salto, a uma distância de cerca de um metro e meio, e passaram a nos contemplar sem qualquer temor, antes, visivelmente divertidos. Pareciam estar inteiramente cobertos por uma espécie de casca justa e inteiriça, que brilhava como se estivesse molhada e apresentava um colorido semelhante ao da casca de uma árvore. Havia inúmeras figuras semelhantes a essas correndo pelo chão. Seus pés e mãos eram enormes, inteiramente desproporcionais ao resto do corpo. Suas pernas eram finas e suas grandes orelhas projetavam-se para o alto, para afinal se reduzir a um ponto, possuindo quase o formato de uma pêra. Seus narizes também eram pontiagudos e as suas bocas bastante largas. No interior destas, não havia dentes, nem qualquer outra estrutura — nem mesmo uma língua, até onde se podia ver —, como se o todo tivesse sido talhado a partir de uma substância gelatinosa. Uma tênue aura esverdeada os envolvia. Os dois exemplares que mereceram nossa atenção especial viviam em meio às raízes de uma imensa faia, e finalmente desapareceram através de uma fenda, na qual penetraram como se entrassem numa caverna, e afundaram na terra."

ELFOS DO LITORAL

Blackpool. Julho de 1921.

"Brincando na beira do mar, entre pedras e plantas marinhas, podem-se ver algumas criaturinhas estranhas, semelhantes aos elfos. Suas cabeças e orelhas são grandes, seus rostos são como os dos elfos, seus corpos pequenos e rotundos, suas pernas curtas e finas, terminando em pés que se parecem aos de um palmípede. A sua altura varia de oito a quinze centímetros. São amistosos para com os seres humanos e não se perturbam em absoluto com a sua presença. Parecem evitar o mar."

CAPÍTULO II

GNOMOS

O gnomo é geralmente classificado como um espírito da terra. As investigações comprovam que, se existem realmente na natureza todas as espécies de entidades atribuídas à tradição, há, por outro lado, amplas divergências dentro de cada tipo. Algumas destas divergências são tão relevantes, que passam a reclamar novos nomes e classificações.

No futuro, quando o naturalista, o etnólogo e o explorador se aventurarem pelo Reino da Fantasia e os seus relatos científicos passarem a ser estudados em todas as escolas, surgirão necessariamente novos nomes para designar as múltiplas e variadas espécies de criaturas fantásticas. Como, na minha opinião, a nomenclatura tradicional é, em muitos sentidos, a mais satisfatória, classifiquei os habitantes do Reino da Fantasia por mim estudados a partir do nome atribuído à raça à qual mais se assemelham.

Neste capítulo, descrevo alguns exemplares de criaturas das árvores e homúnculos alados, muito embora eles difiram, em muitas características importantes, do verdadeiro gnomo. Pode ser que o estudante faça objeções quanto a classificar como gnomo uma criatura alada que vive nas árvores; porém, até onde vão as minhas observações, o aspecto dos seres que designei sob esse título está muito mais próximo do gnomo do que de outra espécie qualquer. Assim, pois, classificarei como "Gnomos" criaturas diversas que diferem, em muitos pontos, do verdadeiro gnomo tradicional.

O gnomo é geralmente fino e magro, de aparência grotesca, rosto cadavérico e comprido, sendo quase sempre um solitário. A impressão que ele nos deixa é a de possuir uma idade extremamente avançada; todo o seu aspecto, a sua conduta, a sua indumentária, tudo parece absolutamente remoto em relação ao presente. Os seus braços são demasiado longos para o nosso senso de proporção e, tal como suas pernas, curvam-se à altura das juntas, como se tivessem enrijecido com a idade. A tez é rude e grosseira, os olhos muito pequenos e negros, ligeiramente repuxados para o alto. Afirma-se que a forma do gnomo é um remanescente da antiga Atlântida e, se isto for verdade, pode-se supor que o tipo seja uma representação da aparência dos povos daquele período e, embora grotescos para nós, uma expressão do seu padrão de beleza.

O autêntico gnomo da terra não é um tipo de entidade muito agradável; os que encontrei na Inglaterra eram inteiramente negros ou marrons, da cor da turfa, e embora eu nunca tivesse incorrido em sua hostilidade, a sua atmosfera era decididamente desagradável.

UM GNOMO DAS ÁRVORES

Nos campos vizinhos a Preston. Setembro de 1921.

"Vivendo na parte mais baixa de um freixo, encontra-se um gnomo. Parece maior do que qualquer outro que eu já vira anteriormente, tendo provavelmente oitenta centímetros de altura, até a extremidade do capuz. Ele assume sua forma de gnomo quando está prestes a deixar a árvore para fazer breves excursões pelo campo. Desloca-se com grande rapidez, a mais de trinta quilômetros por hora, e, a despeito da sua velocidade, abre caminho por entre a relva de um modo fantástico, com passadas largas e erguendo bem alto as suas pernas. Ele está de bom-humor, pensando em si mesmo, na sua árvore e nos seus passeios, enquanto nos recessos de sua mente perduram lembranças de brincadeiras, a maioria delas de natureza solitária, debaixo dos galhos da árvore. Tais recordações, bem como suas antecipações complementares, parecem torná-lo ainda mais feliz. Na sua mente, não cabe mais que alegria. Não necessita da companhia dos seus semelhantes para sentir-se feliz, pois é em si mesmo que encontra prazer. A sua felicidade, por conseguinte, é estável e duradoura. Ele parece viver, em grande parte, no presente.

Aparentemente, ele tem atrás de si um longo período de vida, e, no entanto, a passagem do tempo parece produzir pouco ou nenhum efeito sobre ele, tanto mental como fisicamente. Uma tentativa de contactá-lo enquanto ele está no *interior* da árvore produz uma curiosa impressão sobre a minha consciência: o tronco da árvore se faz transparente, como se o gnomo estivesse encerrado numa caixa de vidro — com a diferença, porém, de que o material da superfície do tronco é sólido em toda a sua extensão; este duplo etérico da árvore possui uma cor cinza-pálido e tons esverdeados. O gnomo parece abandonar a sua forma costumeira quando se encontra no interior da árvore. O tronco da árvore assemelha-se a um cilindro que, na ausência do gnomo, teria apenas uma cor, a das forças vitais da árvore; a presença do gnomo confere individualidade a essas forças, na medida em que são fortemente afetadas por seu padrão de vibração.

Quando o gnomo está prestes a deixar a árvore, o primeiro fenômeno que eu posso ver é ele assumir lentamente sua forma própria, encerrando-se, assim, na matéria densa. Tendo assumido essa forma, ele se lança ao solo, e só então é que consigo realmente apreendê-lo em sua individualidade. Seus traços fisionômicos, em especial o queixo, são longos e pronunciados, os ossos da face são grandes e salientes, o rosto magro é um tanto cadavérico, os olhos repuxados como os de um chinês, as pupilas pequenas e redondas; as orelhas são compridas e chegam a projetar-se para fora do capuz, os seus cabelos são escuros. Embora seja monocromático, apresentando uma coloração próxima à da casca de uma árvore, o capuz reflete um tom qualquer de vermelho. Ao deixar a árvore, o gnomo permanece em contacto magnético com ela, e eu diria que a distância que ele pode percorrer é limitada. É como se o seu corpo fosse constituído pelo duplo etérico da árvore, de modo que, ao deixá-la, este se expande. Tal é a sua condição presente, mas pode haver ocasiões em que ele é completamente livre. É muito curioso vê-lo entrar na árvore, como se estivesse transpondo uma porta. Ao sair, parece fazê-lo sempre no mesmo ponto e na mesma direção, isto é, para o lado do Sul."

UM GNOMO DA ROCHA

Lake District. Junho de 1922.

Bem no fundo da rocha maciça atrás de nós, há uma consciência evolutiva que se manifesta principalmente sob o aspecto de manchas coloridas e informes, uma espécie de gnomo embrionário; pode-se adivinhar vagamente o contorno de sua cabeça, bem como os olhos e a boca, mas o resto do corpo é quase que apenas sugerido, tal como os esboços iniciais de um pintor que, espalhando sobre a tela as cores essenciais, deixa para uma fase posterior a precisa delimitação de seus contornos. Em razão dessa indefinição, o aspecto da criatura é de uma excessiva fealdade, para não dizer mesmo monstruosa. Para a visão etérica, a rocha é totalmente transparente e dentro dela a criatura parece estar como que encerrada num imenso recipiente de vidro, vagamente consciente do ambiente que a rodeia. A única faculdade de volição que ela parece possuir é a de deslocar lentamente o foco e a direção da sua obtusa e limitada consciência, o que faz de maneira demasiado insegura e letárgica. As suas cores principais, que possuem uma considerável densidade, são o vermelho, o verde e o marrom, as quais vibram sob o efeito das mais débeis oscilações em resposta à consciência que desperta lentamente.

A presença dessa criatura confere à rocha uma certa individualidade, o que é perceptível no plano físico sob a forma de uma vibração magnética. É difícil avaliar o seu tamanho, mas a sua altura varia provavelmente de três a quatro metros e meio. Os pés, se os tem, devem estar plantados bem no fundo da terra em que a rocha se assenta, e a cabeça, a uns noventa centímetros acima do seu topo."

UM GNOMO DOMÉSTICO

Lake District. Junho dè 1922.

"Enquanto observava alguns espíritos da Natureza, minha atenção foi atraída para uma grande rocha situada a uns trinta e cinco metros de distância, sob a qual se encontrava um gnomo, que vivia debaixo da terra. Percebi-o de relance, no instante em que desaparecia sob a rocha. Tratava-se de uma figura bastante estranha, de cor cinza-escuro, diminuta e grotescamente humana, levando na cabeça um chapéu que terminava em ponta, a qual pendia para a frente, como que sob o peso de uma pequena borla; seu rosto parecia o de um velho, magro, cadavérico e comprido, com uma longa barba acinzentada. Vestia uma indumentária de cor cinzenta, uma túnica que ia pouco além da cintura. Na mão direita, levava uma luzinha fraca, parecida com uma vela, de brilho amarelado.

Ele penetrou na terra, cerca de sessenta a noventa centímetros abaixo da rocha, e moveu-se em redor, sem encontrar obstáculo. Tendo assimilado a noção humana de uma casa, parecia supor que o lugar fosse a sua morada, e que necessitava de luz. Eu diria que ele havia observado as pessoas indo para a cama e que agora as imitava; ele era ridiculamente sério em seu faz-de-conta. Não parecia trabalhar; apenas dava alguns passeios ocasionais até a beira d'água, a uns trinta e cinco metros de distância.

Após tê-lo aguardado por algum tempo, ele reapareceu usando na cabeça um modelo diferente de chapéu. Tratava-se, desta vez, de uma comprida cartola, e sua figura recordou-me um pouco a imagem da lagarta sentada sobre o cogumelo, em *Alice no país das maravilhas*. Sua curiosidade era altamente aguçada. Chegava ao ponto de assomar às janelas para espreitar os hábitos dos seres humanos e, embora carecesse de inteligência para estabelecer qualquer juízo a partir de suas observações, era capaz de memorizar e imitar muitos dos hábitos cotidianos daqueles a quem estivera observando. Percebo agora por que me veio a idéia, ao vê-lo pela primeira vez, de que o seu capuz era na verdade um gorro de dormir e de que ele estava indo para a cama; obviamente, ele imitava o comportamento dos homens para seu próprio divertimento, não obstante o fato de não ter qualquer necessidade de se recolher, de cobrir-se com um gorro ou de conduzir uma luz, além de não ter nem cama nem quarto, a não ser nas recordações que perduravam em sua mente. Suas faculdades de concentração abandonaram-no logo que ele desceu para o fundo da terra. Sua conduta e mesmo sua aparência modificaram-se quando retornou à superfície, com um novo aparato de fantasias. Agora, ele estava de saída — suas representações não pareciam passar disso —, daí, suponho, a cartola! Logo depois, uma expressão de ausência tomou conta do seu rosto, suas idéias chegaram ao fim e até mesmo sua forma pareceu dissipar-se momentaneamente.

Alguns minutos depois, ele podia ser visto dirigindo-se rapidamente para o lago, levando um minúsculo buquê que ele mergulhou solenemente na água e, com enorme satisfação, trouxe de volta para a sua rocha. Reapareceu imediatamente, desta vez sem o buquê, e então pude ver sua pequena figura se deslocando velozmente ao longo da superfície do lago, uns sessenta centímetros acima dela, até que a perdi de vista. Desnecessário é dizer que tanto a água como o buquê que ele simulava carregar eram feitos da "mesma matéria de que são feitos os sonhos", reduzindo-se a "água", na verdade, a uma coluna de fumaça acinzentada e o buquê a uma névoa. Para este pequeno cavalheiro, a existência parece consistir de uma sucessão ininterrupta de passeios: cada um deles possui uma finalidade especial, que ora é perfeitamente clara, ora extremamente vaga. Tudo o que faz é imitando os seres humanos. Certamente, ele possui alguma simpatia pelas rochas, pela relva e pelo terreno que compõem e rodeiam sua morada."

GNOMOS DANÇARINOS

Num campo nas cercanias de Preston. Setembro de 1922.

"Neste lugar, existem alguns gnomos que se encontram num estágio inferior de desenvolvimento em relação aos gnomos das árvores. Seu tamanho é menor, variando sua altura de uns dez a quinze centímetros. O gnomo que foi fotografado há poucos anos[*] pertence provavelmente a esta espécie. Distinguem-se dos gnomos das árvores pelo fato de não serem solitários, vivendo e se divertindo em grupos; seus jogos e trejeitos são extremamente estranhos e grotescos. Trata-se de pequeninas criaturas, de colorido vistoso e matizes muito mais fortes e brilhantes do que os apresentados pelos duendes. O grupo que observo está dançando em semicírculo e todos se dão as mãos, balançando de um lado para outro; suas pernas não são retas, arqueando-se para fora à altura dos joelhos. Seus braços são muito longos, ligeiramente tortos perto dos cotovelos. Sorriem de modo estranho, com uma ponta de malícia e infantilidade, e seus olhos escuros e redondos brilham com singular expressão, como se experimentassem um êxtase interior. Suas asas, talhadas como as do morcego, desdobram-se lateralmente às costas e possuem uma cor mais escura que a dos corpos, sendo feitas de uma substância macia e peluda, de textura extremamente fina.

Aparentemente, o seu contacto recíproco, seus movimentos oscilantes, muito embora desprovidos de finalidade no plano físico, produzem uma sensação astral bastante agradável. Como pude constatar, parecem ter o efeito de excitar e estimular o corpo astral, que não

---

[*] Ver *Fairies*, de E. L. Gardner.

passa de uma nuvem de matéria informe, de tamanho duas vezes maior do que o corpo físico. Sem dúvida, impõem também sobre eles um tipo especial de força vibratória.

Em estado de repouso ou semi-repouso, o corpo astral é uma nuvem de matéria um tanto quanto informe, de um colorido quase imperceptível, tal qual um halo lunar. Podem-se observar também alguns tons róseos e avermelhados, ou então um amarelo brilhante, semelhante ao da folhagem outonal, além de marrons mais próximos do vermelho. Quando estimulados pela dança, as vibrações se iniciam a partir do centro do corpo astral (aproximadamente no plexo solar), energizando todo o corpo, enquanto o envolvem ondas e ondulações. As cores, então, tornam-se mais intensas, a aura se amplia e assim o gnomo experimenta, até o máximo de sua capacidade, os efeitos produzidos dessa maneira.

Subitamente, o movimento do grupo se modifica, embora se mantenha a formação original em semicírculo. Agora, dançam para a frente e para trás, erguendo as pernas para o alto, dobrando-as no ar e tornando a pousar os pés no chão, em poses de uma comicidade fantástica. Parecem ter consciência apenas da luz solar que brilha e do estado vital da atmosfera.

Esses gnomos em nada lembram a rapidez flamejante dos duendes ou mesmo dos elfos da floresta. Seus movimentos são esquisitos, tensos e solenes. Todavia, como todas as criaturas astrais e etéricas, eles possuem a faculdade de se deslocar rapidamente através do espaço."

GNOMOS DOS CHARCOS

Wryesdale. Num pântano rodeado de colinas. Novembro de 1922.

"Movendo-se em volta, caminhando por entre os arbustos espessos e as moitas de junco, podem-se avistar inúmeros gnomos que apresentam algumas características incomuns.

Sua altura varia de quarenta e cinco a oitenta centímetros; possuem aparência masculina e apenas uma cor, um marrom bastante escuro, muito semelhante à cor da turfa que se alastra por todo o solo da região. Também o rosto e as mãos apresentam essa mesma cor escura. Usam chapéus compridos e pontudos, de abas dobradas e bas-

35

tante estreitas; a ponta desses chapéus, que são bastante justos, cai ligeiramente para trás. Suas feições são fortemente marcadas e acentuadas — particularmente o nariz, que, comprido e curvo, com uma espécie de protuberância na extremidade, tem o comprimento de dois e meio centímetros. O queixo também é pronunciado e saliente e a boca, bastante larga, está perpetuamente aberta num sorriso travesso. A pele é grossa, de textura esponjosa. Os olhos são negros, redondos e alongados. Dão a impressão de usar um traje bastante justo que, na verdade, possui uma textura idêntica à da pele. Esse traje principia por uma gola dobrada à altura do pescoço e termina da mesma forma nos pulsos e nos joelhos; a barriga da perna, o tornozelo e o pé formam uma só peça inteiriça, sendo que os pés têm de vinte a vinte e três centímetros de comprimento e se reduzem, nas extremidades, a um ponto. São muito desengonçados e caminham com passadas largas, quase aos saltos, embora seja evidente que também podem se deslocar pelo espaço em alta velocidade, pois vejo alguns deles se movendo dessa forma, apenas roçando o chão.

Uma curiosa tentativa de obstruir o meu campo de visão acaba de ser feita por um desses gnomos. Da sua cabeça — penso que do meio da testa — projeta-se um jato de névoa acinzentada e brilhante que vem de encontro à minha aura, formando à minha frente uma espécie de nuvem diáfana. O jato continuou a ser emitido e se eu tivesse me servindo tão-somente da minha visão etérica, acho que ele teria alcançado seu objetivo. É notável o poder de concentração demonstrado por ele. A uma distância de treze metros, o gnomo conseguiu envolver nosso grupo com sua projeção em forma de névoa, que visava provavelmente a ocultá-lo da nossa vista. Está claro que ele se opõe à nossa presença e que lhe desagrada o exame minucioso e a atenção especial que lhe dedicamos e que ele intui, por instinto.

Os outros tipos da espécie vão e vêm continuamente pelo mato; não se pode afirmar que estejam brincando, embora, a despeito de gostarem da claridade e parecerem impelidos a uma incessante movimentação, eu não consiga enxergar nenhum outro motivo para as suas perambulações.

Também neles se manifesta a faculdade imitativa, sendo evidente que nos observavam enquanto caminhávamos pelos campos, pois vi mais de um gnomo conduzindo uma cesta que se assemelhava, com bastante exatidão, àquela na qual trazíamos a comida. Isso lhes dá prazer, o que exprimem por um sorriso arreganhado, quase tolo. É extremamente hilariante vê-los caminhar em fila com suas cestas, que chegam a somar agora uma dúzia inteira!

Esses gnomos são criaturas da terra e a terra é o seu *habitat;* não acho que sejam capazes de se elevar no ar a alturas superiores às suas. Certamente, a terra não é *sólida* para eles, pois alguns deles se deslocam com os tornozelos e os pés enterrados no chão, sem qualquer obstáculo. Um contacto mais próximo com suas consciências demonstra serem elas ultraprimitivas e bastante limitadas. Não é fácil compreender o regime de evolução dessas criaturas, pois a Natureza, aparentemente, não lhes opõe qualquer resistência e todos os seus desejos parecem se realizar. Quando tento entrar em contacto com a existência subterrânea deles, parecem dissolver-se e, de algum modo, perder sua individualidade própria em favor de uma essência comum à medida que descem para o fundo da terra. Nessa essência, formam-se glóbulos que se movem sob o chão sem qualquer resistência, e ao acompanhar um deles, constato que, ao ressurgir à superfície, transforma-se de imediato num genuíno gnomo. Não tenho meios para saber se essa metamorfose se deve a algum esforço de inteligência, inclinando-me antes a considerá-la mais ou menos automática. Parecem ter consciência de tudo o que se passa mas, se tal conhecimento é causa ou efeito do fenômeno, é algo que me sinto incapaz de determinar. O grupo, em sua quase totalidade, é animado por uma consciência gregária e por um instinto de rebanho."

CAPÍTULO III

HOMÚNCULOS

Este nome foi escolhido para designar todas as criaturas fantásticas de aparência masculina que não se deixam classificar nem como gnomos, nem como duendes ou elfos, mas que exibem algumas de suas características, juntamente com certos traços que lhes são específicos.

Como há de se constatar a partir da descrição oferecida, alguns espíritos da Natureza podem ter a cara de um gnomo, vestir roupas de um duende e ter os pés compridos e pontudos de um elfo.

Os homúnculos são encontrados em associação com as árvores, com as sebes, as samambaias, as gramíneas, as urzes e as flores silvestres. Os que preferem as árvores "vivem" geralmente em seus troncos e galhos, logo abaixo da casca por eles transposta para fins de revigoração, bem como de ativação do crescimento e da coloração dos galhos e folhas.

Os homúnculos encontrados nas samambaias e gramíneas quase sempre se vestem de verde; seus rostos são como os de criancinhas de uns três anos de idade, rechonchudos e de expressão alegre e sorridente. Na cabeça, levam quase sempre um capuz verde, seus olhos são redondos e brilhantes e, por vezes, suas orelhas curtas e profundas saem para fora do capuz.

Por duas vezes, deparei-me com homúnculos que em nada se pareciam com as amáveis criaturas descritas acima. Seus traços eram marcantes, o nariz comprido e curvo, os olhos estreitos e repuxados para o alto e através deles a consciência se manifesta com uma desagradável expressão de malícia e desconfiança.

Tentei comunicar-me com membros isolados da espécie mais cordial, porém sua inteligência era demasiado primitiva — muito mais que a dos animais — e não tive muito sucesso.

Durante o serviço militar, recebíamos com freqüência ordens para "fazer de conta" que estávamos carregando um fuzil ou uma metralhadora, para fins de adestramento. A mesma expressão parece ser a que melhor descreve e "fala" do homúnculo. Eles "fazem de conta" que falam; de fato, às vezes, chega mesmo a parecer que estão gritando do modo mais extravagante e, no entanto, nenhum som que me fosse possível distinguir saía de suas bocas muito abertas. Trata-se de algo bastante típico das espécies inferiores de espíritos da Natureza, que imitam inúmeros costumes dos humanos sem a menor compreensão do seu significado e finalidade.

Uma destas criaturinhas, cuja descrição será fornecida mais adiante, orgulhava-se das árvores em que vivia e trabalhava, e tentou expressar isso; estava muito contente por ter sido notada e dava o melhor de si para possibilitar a conversação, porém suas limitações naturais frustraram-lhe o intento.

Todas as vezes que se demonstrou tentar uma comunicação, ou quando a pequena tribo concedeu a honra de aproximar-se de nós, nenhum deles chegou realmente a introduzir-se na aura humana, permanecendo sempre um pouco além de sua área de irradiação. Se se aproximavam um pouco mais ou eram submetidos a um exame demasiado intenso, perdiam o seu equilíbrio, tornavam-se confusos e desnorteados para, afinal, desaparecer, retirando-se para uma distância segura ou para uma dimensão superior. Isto, obviamente, se verifica apenas com os homúnculos e não com os gnomos mais estáveis, os duendes mais evoluídos ou as próprias fadas.

Certas raças de homúnculos apresentam espécimes dotados de pequenas asas ovais, feitas de uma substância brilhante e translúcida. Não as usam, entretanto, para voar, embora tremulem e se agitem a cada movimento de seu possuidor.

A partir de observações feitas em diversas regiões da Inglaterra, cheguei à conclusão de que o homúnculo é a criatura fantástica mais comum nesse país, embora registrem-se muitas variações de uma região para outra. Uma das nossas experiências mais constantes era a de que, enquanto estudávamos outras espécies de espíritos da Natureza, numerosos homúnculos aproximavam-se de nós. Em pé ou sentados, em grupos ou aos pares, ficavam a cerca de vinte e cinco a cinqüenta metros de distância nos contemplando com indisfarçável curiosidade. Exemplares desta espécie foram vistos em Kensington Gardens.

Quando se comunicam entre si, é possível distinguir algo bastante semelhante ao gorjeio dos pardais, sendo quase sempre evidente que nossas características individuais lhes forneciam assunto inesgotável para a conversação. Quase sempre, são muito destemidos, nem amistosos, nem hostis, chegando-se a nós por mera curiosidade.

HOMÚNCULOS DAS ÁRVORES

Numa floresta das cercanias de Kendal. Dezembro de 1922.

"Associados às árvores, perambulando pelo chão em meio a arbustos e folhas caídas, podem-se ver numerosos homúnculos de aspecto semelhante ao dos duendes. Seus rostos se parecem com os de homens de idade avançada; a tez é rubra, as barbas pontudas e as sobrancelhas cinzentas. Na cabeça, trazem o usual capuz cônico, mas nesse caso a ponta cai ligeiramente para a frente. O rosto é fino, de feições bem marcadas, nisso se distinguindo dos duendes, como também por sua magreza, suas pernas finas e pés pontudos. Vestem um jaleco escuro, de um marrom próximo ao vermelho, que desce folgadamente até a cintura, e sob ele uma peça menor, além de meias rústicas, de cor cinza, com as extremidades em ponta. Parecem não usar botas. São criaturinhas felizes, característica que se exprime em seus rostos perpetuamente sorridentes e em seus olhos negros e arredondados. O globo ocular parece feito de vidro e inteiramente negro ou marrom-escuro: não vejo nenhum de cor branca. Caminham lentamente e, pelo visto, sem qualquer finalidade; às vezes, um pequeno grupo se forma para alguma brincadeira. Quatro homúnculos surgem de um atalho, dão-se as mãos e passam a girar, no sentido horário, durante cerca de vinte segundos, para, em seguida, ainda de mãos dadas, sobrevoarem os bosques. Alguns membros da tribo parecem mais idosos e menos ativos do que os outros.

Deparei-me com um espécime bastante idoso sentado ao pé de um freixo, com as pernas magras esticadas à sua frente; parecia realmente cansado. Sua capa, que tinha uma gola larga e pregueada na barra, estreitava-se ligeiramente à altura da cintura, presa por um cinto marrom que parecia de couro. Enquanto o observava, ele evolou-se para dentro da árvore, propiciando-me ocasião de acompanhar o processo de desintegração da forma, que pareceu pairar no espaço por uma fração de segundo ainda, após ter sido abandonada por seu ocupante. Ele não a dissipou quando ainda estava em seu interior — mas a abandonou, saindo pela cabeça. Algum resquício dessa forma continuou apegado a ele, pois vi perfeitamente os contornos de duas longas pernas a segui-lo até o interior da árvore. Um exame mais atento mostrou que a forma não havia desaparecido por completo e que seu contorno permaneceu, enquanto sua estrutura e cor desapareceram; na verdade, ele parecia um duende fantasmagórico, cujas formas se delineavam numa luz acinzentada, e que permanecia sentado no mesmo lugar, tal como havia sido deixado. Enquanto observava a forma, perdi o contacto com sua consciência, que se retirou para dentro do tronco da árvore e, por assim dizer, propagou-se para a sua célula vital incorporada.

(Dez minutos depois)

O homenzinho que havia desaparecido no interior da árvore ressurge, agora inteiramente rejuvenescido, cheio de animação. No momento em que eu estava descrevendo outra coisa qualquer, minha atenção foi atraída para o seu reaparecimento por uma luz que brilhou ao pé da árvore e que, ao ser examinada, comprovou ser o mesmo homenzinho de antes, desta vez plenamente revigorado e desejando, segundo todas as evidências, chamar a nossa atenção para o fato. Agora, ele vem ao nosso encontro dançando de maneira bizarra, chegando a percorrer metade dos cinqüenta metros que nos separam da árvore, para novamente recuar, inclinando a cabeça para o lado e estendendo graciosamente as pernas à medida que caminha. Demonstra muito orgulho. A atmosfera de magia da floresta manifesta-se em todo o seu encanto, e a criaturinha acena-me, ao se retirar, convidando-me a acompanhá-la ao Reino da Fantasia. Faz um sinal com o braço direito na direção da floresta, tal como um anfitrião precedendo os convidados em seu jardim encantado."

HOMÚNCULOS DAS ÁRVORES

Outubro de 1922.

"Sobre os galhos e folhas de uma grande faia, podem-se ver inúmeros homenzinhos trabalhando. De quando em quando, alguns deles voam até o solo, e retornam à árvore, como se estivessem levando alguma substância para urdir a textura dos galhos e folhas menores. Sua altura varia aproximadamente de um metro e vinte a um metro e oitenta, embora sejam mutáveis e dotados de formas elásticas. Assemelham-se muito a homenzinhos. Usam um capuz longo e pontudo e uma capa curta de gola bem larga, tão larga que chega a parecer um manto caindo sobre os ombros, e pequenos calções que descem até os joelhos. Seus rostos são bronzeados, curtidos pelo sol e pela chuva; os olhos são oblíquos e sua expressão, inumana.

Um deles tenta dialogar comigo; aponta para a árvore com grande orgulho, como se dissesse: — *"Eis a nossa obra!"* Caminha com passadas curtas, com meneios um tanto afetados. É algo muito divertido contemplá-lo. Ele grita, sem nenhum propósito, para uma das árvores, não recebendo qualquer resposta que me fosse possível distinguir. Gesticula, nos seus esforços para comunicar-se, com toda a certeza querendo dar-me a entender que a árvore acha-se em toda a sua extensão sob a influência e os cuidados dele e de seus companheiros. Às vezes, um deles surge repentinamente da árvore, paira no ar por alguns instantes e, em seguida, retorna à árvore. Será que eles absorvem a essência vital da atmosfera para doá-la à árvore? A chegada do outono, modificando a coloração das folhas, parece ser um acontecimento importante para eles, pois todos se mostram intensamente ocupados. Os processos de coloração parecem merecer especial atenção por parte deles, porém escapa-me o método por eles adotado. Mesmo que fosse possível comunicar-nos à base de perguntas e respostas, o homenzinho seria incapaz de prestar-me qualquer informação acerca do seu *modus operandi,* pois trata-se, para eles, de algo tão óbvio que não lhes ocorre fornecer qualquer explicação; eles nem sequer refletem sobre os seus atos — se o fizessem, eu conseguiria captar-lhes os pensamentos.

A maior parte de suas atividades no solo não possui qualquer finalidade, reduzindo-se a mera cópia e imitação dos atos dos seres humanos sem nenhuma compreensão de seu sentido. As folhas e galhos das árvores constituem suas moradas, e é para aí que convergem todas as suas energias e atenção, muito embora suas ações não se limitem em absoluto a apenas uma árvore, pois vejo-os "voando" até uma árvore vizinha, da mesma espécie."

HOMÚNCULOS VERMELHOS

Jeffrey Hill, Longridge, Lancashire. Novembro de 1922.

"A encosta da colina é povoada por uma espécie de homúnculo até então desconhecida por nós. Sua cor predominante é o vermelho. A forma da sua cabeça é bastante característica: consideravelmente achatada nas laterais, quase convergindo para uma borda definida pelo centro da testa, pelo nariz e pelo queixo; os olhos se localizam quase nas partes laterais da cabeça, pois praticamente não há nenhuma superfície frontal. A tez é clara e corada, embora as sobrancelhas sejam escuras. Os olhos são estreitos e repuxados, as orelhas grandes, o nariz curvo, bem fino e pronunciado; os lábios também são muito finos e dobrados para cima nos cantos; o queixo é pontudo e marcado. A vestimenta lembra muito a indumentária masculina do período elizabetano, com acolchoados e estofados, consistindo essencialmente de um gibão, calças justas e sapatos compridos de bico fino, metade vermelhos, metade verdes. Usam um chapéu bastante bizarro, pontudo, de cor carmesim, provido de uma borla ou de um sino — com certeza, este último, pois ouço um badalar de sons por toda a área. Essas criaturas possuem normalmente de dez a quinze centímetros de altura, mas podem e efetivamente chegam a se ampliar até a estatura humana. Tal ampliação não é real. Eles produzem esse efeito de ampliação de volume, mas tenho a certeza de que jamais deixam de ser criaturas diminutas, do mesmo modo como alguém está seguro do tamanho real de um objeto, enquanto o observa através de um microscópio. O chapéu, o colete e as calças justas são de um carmesim brilhante e as demais peças, brancas. Esta colônia é vasta, chegando aparentemente a somar milhares de habitantes. Eles têm a capacidade de se erguer no ar, mas quase sempre se deslocam aos trotes pelos campos. A índole desta gente é bastante alegre, e todos são comunicativos e afetuosos entre si. Nota-se, neles, um certo espírito de laboriosidade e atividade, embora não me seja possível afirmar que eles se dediquem a alguma espécie de trabalho. São muito tímidos e acanhados, e se reúnem à distância quando amedrontados. A cabeça é mais arredondada na base, afilando-se na frente. São criaturas divertidas e, como as crianças, dados a brincadeiras, alguns dançando em rodas, outros correndo em bando pelo mato; uma atmosfera de júbilo perpassa o seu mundo. Devem possuir algum senso de geometria, pois em seus jogos formam figuras inteligíveis; consigo, por exemplo, distinguir um círculo com uma cruz latina em seu interior. Acho que têm consciência de que, ao formar tais símbolos, estão dando expressão a alguma força que os anima e gera uma sensação multiplicada de alegria e de vitalidade."

HOMÚNCULOS VERDES

Floresta de Bowland, Lancashire. Abril de 1922.

"A descrição que se segue é a de uma raça de homúnculos que habitam os terrenos pantanosos mais elevados da floresta de Bowland. Seu aspecto geral lembra o de um garotinho em miniatura, com quinze a vinte centímetros de altura, cabeça grande, corpo rotundo, pernas finas e pés compridos; usam um capuz justo, pontudo, de um verde brilhante, cuja ponta se dobra horizontalmente para trás. Não se vê nada que se assemelhe propriamente a um traje, embora o corpo seja coberto por um revestimento justo, marrom e verde. Aquele que se acha sob minha observação, numa pequena moita de urze nas proximidades, é uma criaturinha bastante compenetrada.

Seu rosto é redondo e rechonchudo, a boca pequena, o nariz quase imperceptível, os olhos redondos feito pires, sem sobrancelhas nem cílios. As orelhas, se é que existem, devem estar ocultas sob o capuz, que, do modo como o vejo, é guarnecido de halos cor-de-rosa e azul. Uma emanação etérica é visível em toda a sua volta, a uma distância aproximada de seis centímetros; suas cores são azul e cinza e suas vibrações muito mais suaves e delicadas que as humanas. Tais emanações partem de um núcleo vital situado à altura do plexo solar. Um pequeno *chakram*,* de cor amarela, funciona no alto da cabeça. Pode-se supor que a forma é estimulada a partir do plexo solar, ao passo que a consciência é ativada a partir do *chakram* localizado na cabeça. Do centro deste *chakram* projeta-se uma antena fina e filiforme que se perde além do meu campo de visão.

---

* Termo sânscrito que significa "roda" e usado para denotar um centro de força cuja atividade lembra um turbilhão.

A criaturinha sentou-se, com um ar de paciente boa vontade, e, então, vejo que suas orelhas são pequenas e terminam em ponta; enquanto isso, a uma certa distância, seus companheiros correm, saltam e voam pelos arredores. Eu não chegaria a afirmar, por certo, que falam, mas seu intercâmbio de pensamentos, tal como se dá, parece chegar a mim sob a forma de um incessante murmúrio. São criaturas alegres e cheias de vida, fechadas a tudo que não elas próprias e o seu ambiente familiar."

HOMÚNCULOS DANÇARINOS

Na nossa sala de visitas, em Preston. Setembro de 1922.

"Um homúnculo dança sobre o tapete, de um lado para o outro, acompanhando o ritmo de uma música imaginária, que parece consistir de duas notas continuamente repetidas.

Este homúnculo dançarino possui uma fisionomia infantil, meio séria, meio jocosa, e usa um capuz pontudo, cuja ponta cai para trás, além de um jaleco e de meias-calças que se prolongam até os pés pontudos. Estas últimas são verdes, o jaleco é marrom-escuro, com bainhas revestidas de pele ou gaze, e do alto do capuz pende uma borla. Ele está num estado anormal, como se fosse estimulado por um excesso de energia e de vitalidade. Sua tez parece a de uma criança saudável e corada, os olhos são marrons-escuros, grandes e surpresos; caminha com ligeira afetação, balançando o corpo de um lado para o outro e, quando não gesticula, descansa as mãos nos quadris. Ele dança vários passos, alguns dos quais lembram uma dança escocesa, porém, sem as piruetas. Na sala, também se encontram mais duas criaturinhas semelhantes a esta. Não são muito diferentes dos elfos da floresta, mas suas orelhas têm aspecto normal e a sua expressão menos bizarra e mais humana. O aspecto de todas elas é masculino, lembrando garotinhos de oito ou nove anos. Deslizam para cima e para baixo ao longo do batente da porta, caminham pela borda do sofá e fazem ginástica nas traves das cadeiras e das mesas. O verde é a sua cor predominante, embora mesclado de marrom. Parecem estar se divertindo muito. Seu elemento natural parece ser a relva dos campos. Sobre o sofá, realizam algo parecido a uma prova de salto a distância. O número de elementos desta tribo é maior do que o dos grupos ou bandos de duendes. São capazes de se deslocar livremente pelo espaço. Possuem asinhas transparentes, de formato quase oval. Seus trejeitos parecem irreais e simulados. São muito rápidos em seus movimentos, sendo quase impossível deter-se sobre um deles e observá-lo, à exceção do primeiro homúnculo descrito, maior do que os outros. Estimo a sua altura em quinze centímetros e a dos outros em dez. Alguns deslizam pelas cortinas. Um dos integrantes do grupo acha-se agora bem no meio da sala e põe-se a olhar fixamente para mim. Consigo entrever alguns outros nos caixilhos e molduras dos quadros. O que está no meio da sala tenta comunicar algo, o que faz aparentemente por meio de um tremendo esforço para gritar: nenhum som chega até mim. Não são figuras deselegantes; suas túnicas estreitam-se à altura da cintura e caem soltas sobre os quadris. Suas asas parecem estar em contínua agitação. Os pequenos capuzes estão ajustados a suas cabeças, não deixando ver nenhum fio de cabelo. Não possuem qualquer estrutura interior, sendo os seus corpos talhados numa só peça."

OS SERES DA RELVA EM SUAS MORADAS

Numa clareira a poucas milhas de Preston. Setembro de 1921.

"Figuras minúsculas e esverdeadas, semelhantes aos elfos, com aproximadamente três ou quatro centímetros de altura, podem ser vistas no chão. Seus rostos parecem de carne e seus corpos são cobertos de alto a baixo por uma peça justa, de cor verde. Caminham pelo mato, inteiramente absortos, pelo visto, na tarefa de explorar as veredas mágicas daquilo que, para eles, é uma imensa floresta.

Sua existência parece estar ligada à relva, cujo crescimento, de algum modo, está intimamente associado ao seu. Eles se movem lentamente de um lado para outro dos talos; são capazes de voar, mas só pude vê-los cobrir pequenas distâncias de cada vez, de modo um tanto desajeitado. No ar, seus pezinhos projetam-se para baixo e para a frente, rumo ao ponto em que vão aterrar, como se estivessem num trapézio. O vôo, na verdade, parece mais um balanço do que qualquer outra coisa. São muito numerosos neste local. Ao caminharem, emitem um som curiosamente inarticulado. Parecem imprimir uma única direção ao seu pensamento, que ocupa completamente as suas mentes; isso se manifesta em suas auras, praticamente incolores, como se uma série de minúsculos glóbulos luminosos emergissem regularmente de suas cabeças; estas formas-pensamento são em tudo idênticas entre si e estão interligadas por um filamento de luz. Assemelham-se a pequeninas bolhas, com um diâmetro provável de uns dois milímetros. Um contacto mais próximo induz-me a pensar que esses elfos falam entre si continuamente, fala esta que parece consistir de uma repetição constante. Sua aura faz com que o duplo etérico da relva vibre um pouco mais rapidamente, à medida que eles passam através dele."

OS HOMÚNCULOS EM COMPARAÇÃO COM OS DUENDES

Em Whitendale. Abril de 1922.

"Enquanto escrevia essas linhas, um duende grosseiro e rabugento surgiu de uma moita de junco nas redondezas e desceu a colina de encontro aos homúnculos. Era bastante semelhante aos duendes anteriormente descritos, com pequenas diferenças na cor e nos detalhes da vestimenta. Seu rosto parecia um tanto rústico e feio, a barba acinzentada era cheia de falhas e as mãos invulgarmente grandes. À medida que se aproximava, repetia sem parar alguma coisa para si mesmo, provavelmente alguma decisão recente em vias de ser executada. O contraste de idades tornou-se flagrante, à medida que ele se aproximava dos pequeninos homúnculos que se divertiam no local. Seu corpo é desarmonioso, de textura um tanto áspera e grossa, e sua capacidade de reagir aos impulsos da consciência, bem menor do que a dos homúnculos, que parecem constituir uma espécie mais recente de espíritos da Natureza. O centro de consciência localiza-se, em ambas as espécies, na cabeça, sendo representado por um pequeno *chakram* que, no caso dos duendes, penetra cerca de um centímetro e meio em suas cabeças. Embora a personalidade do duende seja mais forte e evoluída, nem por isso o seu *chakram* chega a desempenhar um papel mais ativo em sua existência, ou em seu trabalho do que o do homúnculo. Os duendes tornam-se muito insensíveis com o decorrer do tempo. Não é fácil compreender, dadas as limitações do entendimento humano, como o duende avança até o estágio seguinte de sua evolução, de tal modo sua forma e consciência parecem apegar-se aos seus atributos atuais, coibindo-lhe o desenvolvimento de quaisquer outros. É provável que necessite da ajuda externa de uma natureza superior."

CAPÍTULO IV

ONDINAS E ESPÍRITOS DO MAR

A ondina pertence à água e, como pude comprovar, nunca se encontra longe dos rios, dos regatos e das quedas d'água. Suas formas são marcadamente femininas e ela se apresenta sempre nua; em geral, não possui asas, e muito raramente usa alguma espécie de adorno. Sua figura, seja diminuta ou de estatura humana, é de uma beleza arrebatadora, e todos os seus movimentos são perfeitos. A cascata é o seu retiro predileto, sendo aí que se pode vê-la se divertindo, geralmente em companhia de suas irmãs, desfrutando o máximo da força magnética da queda d'água.

Aparentemente, há períodos em que a ondina se retira do meio vital, em que é observada com mais freqüência, para encontrar um regime de quietude e repouso bem no fundo das poças frias e sossegadas que se formam sob as cachoeiras ou nos remansos dos rios, nos lagos e lagoas. Esta segunda vida sob as águas está em flagrante contraste com a extraordinária vivacidade e alegria que ela demonstra em meio das águas correntes e dos raios solares.

Os três processos fundamentais da Natureza — absorção, assimilação e expulsão — manifestam-se plenamente na existência exterior da ondina, conquanto se possa afirmar acerca de tal existência que ela consiste de uma repetição contínua desses três processos.

Suspensa em meio à névoa líquida ou no centro da corrente que despenca, ela absorve lentamente o magnetismo da luz solar e da cascata; quando o limite de absorção é alcançado, ela liberta, com um deslumbrante clarão de luzes e cores, o seu excesso de energia. Neste momento mágico de libertação, ela experimenta um êxtase e uma exaltação inconcebíveis para os simples mortais encerrados na prisão da carne. Neste momento, a expressão de seu rosto, e particularmente a de seus olhos, é das mais belas, quase maravilhosa; eu diria, além de qualquer descrição. Os olhos cintilam com formidável esplendor, o rosto exprime uma alegria arrebatadora e uma sensação de vitalidade e poder desmedidos; todo o seu porte, a perfeição de suas formas e o radiante esplendor de sua aura combinam-se para produzir uma visão de encantadora graça.

Tal estado é imediatamente seguido por um outro de satisfação onírica, em que a consciência abandona consideravelmente o plano físico para se centrar no plano emocional. A sua figura torna-se momentaneamente vaga e indistinta, até que, tendo assimilado todo o processo, ela reaparece para tornar a repeti-lo.

Existem, sem dúvida, muitas outras espécies de espíritos da Natureza ligados à água, e a descrição de um deles, que difere da ondina, foi incluída neste capítulo.

ONDINAS

Whitendale. Abril de 1922.

"Sentado num quiosque recoberto pela urze, ao lado de uma cachoeira que jorra através de duas enormes pedras antes de cair de uma altura de um e meio a dois metros sobre os rochedos cobertos de musgo, faço uma tentativa para estudar as fadas da água, com as quais não é fácil entrar em contacto imediatamente depois de a consciência ter estado sintonizada com os espíritos da terra. Sem dúvida, seus movimentos são mais rápidos e sutis. Sua figura, também, modifica-se com desconcertante rapidez. Ao observá-las, elas se me afiguram pequeninas mulheres, inteiramente nuas, com cerca de dez a quinze centímetros de altura; seus cabelos são longos e caem para trás e usam alguns enfeites, semelhantes a pequenas grinaldas em volta da cabeça. Elas brincam no meio ou em volta da cachoeira, cruzando-a velozmente em muitas direções e emitindo sem parar um som frenético, que por vezes chega quase a configurar um som agudo. Tais chamados são infinitamente remotos, mal chegando a mim, feito o chamado de um pastor que ecoa por um vale alpino. Trata-se de um som vogal, embora não me tenha sido possível identificar até agora as séries de vogais de que se compõe.

Elas podem subir a cachoeira contra a corrente ou nela permanecer imóveis, mas geralmente são vistas a brincar à sua volta ou a cruzá-la velozmente. Quando uma nuvem passa no céu e a cachoeira volta a brilhar ensolarada, elas parecem experimentar uma alegria redobrada; então, incrementam o ritmo de seus movimentos e de sua cantoria. Posso representar aproximadamente o som desta última pelas vogais "e", "o", "u", "a", "i", combinadas numa palavra, cuja emissão termina com uma cadência suplicante e queixosa.

São entre oito e doze ondinas a brincar na cachoeira; algumas são bem maiores do que as outras, tendo a mais alta cerca de vinte centímetros de altura. Dentre as mais altas, uma acaba de expandir o seu tamanho em cerca de sessenta centímetros, para agora se arremeter velozmente cachoeira acima. Algumas possuem auras róseas, outras verde-claras, e um contacto mais direto, que agora consigo estabelecer, mostra-me quão belas e ao mesmo tempo infinitamente distantes, em relação ao homem, são tais criaturas. Elas atravessam de um lado para o outro as grandes rochas que ladeiam a cachoeira sem encontrar qualquer tipo de obstáculo. Sinto-me inteiramente incapaz de atrair a sua atenção ou de exercer sobre elas qualquer tipo de influência. Algumas mergulham na poça situada ao pé da cascata, reaparecendo, eventualmente, em meio ao turbilhão de espuma.

A grinalda anteriormente mencionada é luminosa e aparentemente faz parte de suas auras."

ONDINAS

Thirlmere. Ao lado de Dab Ghyll. Novembro de 1921.

"Existem duas variedades distintas de espíritos da Natureza nesta cachoeira. Uma delas, aparentemente, está associada a todo o vale, e foi vista pela primeira vez ao galgar velozmente a montanha de onde se origina o curso d'água. Pertence inequivocamente à variedade da ondina e, embora um tanto maior do que as outras antes observadas, assemelha-se a elas por suas demais características.

É uma figura feminina, que brilha como se estivesse molhada, nua e desprovida de asas, insinuando-se os seus estranhos membros em meio à irradiação branca de sua aura. Os braços, invulgarmente longos

53

e belos, são por ela graciosamente agitados ao voar. Possui cerca de dez centímetros de altura e uma cor predominante prateada-clara, com estrelas douradas em torno da cabeça.

Ela sobe a cachoeira por meio de uma série de movimentos bruscos de estonteante rapidez, desaparecendo de vista como se tivesse sumido dentro da rocha, para de novo reaparecer e desaparecer. Ao acompanhar seus rápidos deslocamentos, ela parece subitamente tornar-se lânguida; sua figura desvanece lentamente e sua consciência baixa à terra, como para repousar. No lugar exato em que ela desapareceu — uma grande escarpa rochosa recoberta de urze e de samambaias —, posso sentir ainda, eu diria quase ver, a ondina, a uma profundidade de dois a três metros sob o chão.

Ela torna a reaparecer e, pelo visto, experimenta uma grande alegria, exprimindo deleite e prazer com a cachoeira, pairando de um modo a sugerir uma emoção próxima à ternura contemplativa. Ela mostra uma certa seriedade espontânea; nada tem daquela insensível negligência que caracteriza tantos espíritos da Natureza menos evoluídos. Em sua mente, há um senso de responsabilidade em relação a certos aspectos e processos da evolução que têm lugar aqui e que dizem respeito principalmente à água e à vegetação. Na rocha em que ela sumiu, persiste uma nítida influência magnética, sem dúvida devida à sua longa permanência ali, o que confere ao lugar uma aura marcante e uma atmosfera própria.

Existem algumas ondinas menos evoluídas nestas mesmas cachoeiras que parecem constituir o seu reduto permanente. Também elas são capazes de atravessar as rochas ao seu bel-prazer. Diferenciam-se das que acabamos de descrever, principalmente pelo tamanho; possuem menos de trinta centímetros de altura e parecem emitir sons vocais com uma alegria mais desenfreada e uma conduta bem mais irrefletida. Chegam a somar cinco ou seis. Seus corpos nus, esbeltos e graciosos, são extremamente maleáveis e elas assumem constantemente poses de grande efeito, enquanto flutuam em meio à torrente ou pairam acima da névoa líquida. Uma de suas poses características é com o corpo ereto e mais ou menos rijo, as pernas esticadas, os braços junto do corpo, a cabeça ligeiramente reclinada para trás, os olhos mirando as alturas. Mantendo esta pose, elas se deslocam lentamente até o topo da cachoeira, feito uma bolha d'água se inflando; lá chegando, elas se lançam ao espaço aberto, liberando a energia concentrada que parecem ter absorvido, proporcionando um esplêndido espetáculo de luzes e cores e irradiando graça e felicidade por todas as direções.

Elas estão cantando com um timbre agudo, porém melodioso, que chega a mim como uma série de sons vogais abertos, geralmente em escala ascendente, terminando por uma nota incrivelmente alta. O sol, agora, bate em cheio na cachoeira, e elas aproveitam ao máximo a vitalidade magnética que daí resulta. Elas despendem um grande esforço para comprimir e conter o máximo possível essa energia vital, até que, incapazes de resistir por mais tempo, ela irrompe, tal como descrevemos, afetando sensivelmente as rochas, as samambaias e as árvores das proximidades. Tal processo enche de alegria a ondina; ela chega a palpitar durante o processo de absorção e compressão, e, chegada a hora da descarga, sente uma satisfação delirante. Perdem a cabeça, por assim dizer; a sua figura real torna-se indefinida por alguns instantes, durante os quais ela se dá a ver sob a forma de radiações luminosas intermitentes. Na verdade, foram estes clarões de intenso brilho que primeiramente atraíram a minha atenção e fizeram com que eu me dispusesse a estudá-las.

Indubitavelmente, tudo isso representa um estímulo para o seu crescimento, como para o meio ambiente em que habitam. Suponho que os exemplares menores estão, de certa forma, sob o controle dos espíritos da Natureza mais evoluídos que descrevemos anteriormente; certamente, foi ao divisá-los, durante o seu passeio pela cachoeira, que uma ondina se deteve no ar, proporcionando-me a oportunidade de observá-la pela primeira vez."

O ESPÍRITO DA CACHOEIRA

Lake District. Junho de 1922.

"Estou num caramanchão de samambaias e rochas, um verdadeiro reino da fantasia. O espírito das cachoeiras surge ocasionalmente sob a forma de uma mulher nua, de tamanho natural e singular beleza. Ela se distingue por alguns detalhes da ondina anteriormente observada; é muito maior do que os exemplares até agora vistos, possui inteligência mais desenvolvida *e é alada.* Parece incorporar-se às rochas, às samambaias e aos musgos, bem como à própria cachoeira. Quando foi vista pela primeira vez, ela saltava para fora da rocha maciça — uma figura de esplêndida beleza —, após o que pairou no ar por alguns instantes e, em seguida, desapareceu. Tal seqüência foi repetida diversas vezes e, visível ou não, a sua presença pode ser sempre nitidamente sentida.

Sua figura é formosa, nela predominando o rosa-claro. Sugere uma estátua de mármore trazida à vida. Os cabelos são claros e lustrosos, a fronte alta, os traços maravilhosamente proporcionais, os olhos grandes e brilhantes e, embora a sua expressão tenha alguma coisa do espírito das feras, o seu olhar não é desagradável. As asas, que parecem originar-se à altura das omoplatas, são pequenas em relação ao resto do corpo e seguramente não prestariam ao vôo, se fosse este o seu propósito; são também de cor rosa-claro. Ainda mais impressionante que o vulto é a auréola, em forma de arco-íris, que a rodeia, tal como um halo lunar. Tal auréola possui um formato quase esférico e consiste de faixas concêntricas e uniformemente distribuídas com matizes suaves, porém, intensos. As suas cores são inumeráveis e pulsam com muita rapidez para que eu possa distingui-las, mas pelo visto abrangem todo o espectro, desde os tons mais fracos, com uma possível predominância do rosa, do verde e do azul. Algumas das faixas coloridas são guarnecidas por uma chama dourada, além da qual uma irradiação intermitente de branco e nácar proporciona uma beleza suplementar. Saindo da cabeça, um potente fluxo de energia interfere com a aura, gerando uma irradiação em forma de leque. Tal fluxo parece provir de um ponto localizado no centro da cabeça, onde existe um núcleo dourado e brilhante, um pouquinho abaixo do nível dos olhos e a igual distância deles. O contacto com semelhante criatura constitui uma iluminação, e eu gostaria de poder encontrar palavras para descrever não apenas o esplendor de sua aparição, como também o maravilhoso sentimento de exaltação e autenticidade que ela proporciona. O lugar vibra com a sua energia."

(Um pouco mais tarde)

Ela reaparece: desta vez, traz um cinturão incrustado de pedras preciosas, cujas extremidades se cruzam e caem sobre o flanco esquerdo. Tais pedras não se assemelham à jóia nenhuma do nosso conhecimento, sendo grandes e apresentando uma luminosidade intermitente; o cinturão é feito de um material que emite uma vaga luz, apresentando o aspecto de uma cota dourada de textura extremamente fina."

ESPÍRITOS DO LAGO

Wythburn. Junho de 1922.

"Em diversos pontos da superfície do lago Thirlmere, que se estende abaixo de nós, podem-se ver inúmeros espíritos da Natureza roçando velozes a superfície das águas, geralmente a uma altura de uns dois ou três metros, quando não mais alto. Embora eles se restrinjam à superfície do lago, costumam fazer vôos ocasionais até os campos.

Parecem grandes pássaros brancos voando a uma grande velocidade, muito embora, na distância em que me encontro, não me seja possível captar qualquer forma distinta; assumem muitas formas diversas, com desconcertante rapidez; há uma vaga sugestão de asas e por vezes a insinuação de um rosto ou de uma cabeça humana. Tal aparência é, no entanto, novamente abandonada, para, agora, sugerir um grupo de nuvens brancas. A velocidade dos seus deslocamentos e a rapidez com que mudam de aspecto tornam difícil estudá-los com um certo grau de precisão. A sua descrição mais aproximada talvez seja a de auras imaginárias desprovidas de um corpo central substancial; verifica-se, ao mesmo tempo, uma organização perfeitamente definida no interior de tais auras; certas linhas, ao longo das quais as forças fluem — consistem essencialmente de remoinhos, vórtices e faixas luminosas em forma de asa. Seus movimentos não são muito distintos do vôo rasante das andorinhas sobre a superfície de um rio. Parecem não entrar na água, embora ocasionalmente pousem nas margens, para de novo se projetarem para o alto com um brilhante clarão de luzes. A sua cor predominante é o branco, com tendência para o cinza-chumbo.

São expressões não-individualizadas da consciência de grupo. Enquanto observo, um grande número deles perde os seus atributos para assimilar-se a uma forma (uso a palavra "forma" na falta de outra melhor, pois a forma a que me refiro não passa de uma mera membrana), um invólucro de grandes dimensões, no qual eles são encerrados como pássaros num aviário. A posição geográfica real deste invólucro cobre uma certa distância da superfície do lago, sobre o qual flutua como um balão incerto, de dimensões enormes, porém variáveis. No seu centro, observam-se numerosos pontos de luz dourada e muito brilhante, que parecem dispostos em camadas. À medida em que ingressam no invólucro, os espíritos da Natureza parecem perder seus contornos, não restando mais do que uma sensação de movimento em seu interior. Ato contínuo, todos debandam novamente, como uma revoada de pombos, para retomar as suas rápidas evoluções sobre o lago."

ESPÍRITOS DO MAR

Costa noroeste. Janeiro de 1923.

"No alto-mar, encontram-se imensos monstros etéreos, de cor verde-mar, semelhantes a peixes e, no entanto, diferentes de qualquer peixe conhecido. A sua figura é transparente como o vidro — brilhando com luz própria, estranha e esverdeada. Parecem possuir a faculdade de se erguer verticalmente e, embora tenham cabeça e corpo, não consigo discernir em tais criaturas nenhuma semelhança com a figura humana. Dos ombros para baixo, não se nota nenhum membro. A forma compacta acaba por reduzir-se a um ponto, estendendo-se, então, à matéria fina da aura. Parecem erguer-se lentamente das profundezas do mar, chegando algumas vezes a emergir inteiramente das águas, noutras, apenas parcialmente.

Outras formas mais aéreas, de aspecto humano, deslocam-se rapidamente pela superfície do oceano. Entre elas, contam-se as pequenas fadas dos mares, cavalgando as ondas e aproveitando a vitalidade elétrica gerada pela subida das marés. As imensas criaturas das profundezas, ao contrário, são demasiado lentas e pesadas em seus movimentos, vagando sem rumo ao redor daquelas e possuindo uma inteligência embotada e bastante limitada. Há um quê de ferocidade na exultação e na alegria das criaturas do mar, como se elas tivessem assimilado um pouco da potência do próprio mar. São muito mais ativas e viris do que os espíritos da Natureza de terra firme. As menores parecem estar inteiramente absortas em suas próprias atividades.

Ao longe, avista-se um grupo de grandes devas do mar. A cabeça de cada um deles está coroada. São enormes, imponentes e majestosos soberanos dos mares e o seu aspecto recorda vagamente o do deus Netuno.

Nos baixios do oceano, encontram-se as ninfas do mar, cujas figuras assemelham-se bastante à de uma mulher de radiosa beleza. Não são aladas como as fadas de terra firme. Vivem em colônias, tanto acima como abaixo da superfície das águas, que são as suas moradas. Cavalgando as ondas e por vezes submergindo até as profundezas, levam uma existência alegre. Vejo-as chamando umas às outras em voz alta, gritando de exultação à medida em que as forças vitais, de que elas são constituídas, suscitam nelas uma alegria quase inconcebível. Assim como os menores espíritos do mar, elas são muito mais cheias de vida, muito mais ativas do que as suas irmãs de terra firme.

Embaixo, nas regiões mais profundas do oceano, posso ver formas imensas, filamentosas, semelhantes a vegetais, etéricas, de pouca ou nenhuma consistência externa, deslocando-se ao sabor das correntes. É possível retraçar o gradual desenvolvimento da forma, desde a criatura indistinta e de feitio membranoso, com a consciência inteiramente voltada para o interior, até a forma magnificamente organizada da ninfa e da fada dos mares divertindo-se em meio às vagas. Estas últimas são entidades definitiva e permanentemente incorporadas. Aparecem e novamente somem, com a velocidade da luz, deixando a impressão de uma cor, uma insinuação de forma, até que reapareçam em outro local.

A principal diferença entre as hostes de espíritos da Natureza que são vistas em cima e embaixo da superfície das águas parece ser o tamanho. A maioria assemelha-se à figura humana, embora existam os que se assemelham mais aos peixes; entre os primeiros, conquanto sejam todos assexuados, a figura predominante é a feminina. Outra característica relevante é a rapidez com que mudam de forma; transformam-se a todo momento em manchas de luz brilhantes e relativamente informes, para de novo recobrar o aspecto humano, que parece ser o dominante.

Aparentemente, a regra geral é a de que as variedades maiores são encontradas em alto-mar, ao passo que as menores estão sempre se divertindo junto à linha de rebentação. Um espécime de tamanho médio, visto a uma distância de 200 metros, é pouco menor do que um homem.

Um representante da variedade maior acaba de se aproximar a uns poucos metros de nós, e então observo que vários outros se arremetem velozmente para a terra e novamente retornam para as águas. O que chegou mais perto de nós apresentava um colorido um tanto esmaecido e todo o seu corpo brilhava, como se estivesse molhado;

estava completamente nu e a sua figura era curiosamente instável, de modo que a diferença entre a forma (relativamente) compacta e a sua imagem áurica era freqüentemente nula.

Muitos parecem passar o tempo a cruzar velozmente a superfície do mar, ora mergulhando total ou parcialmente na água (e em primeiro lugar os pés), ora projetando-se no espaço com a velocidade da luz. O estado é de alegre exultação, banhando-se no poderoso magnetismo do oceano. Eles absorvem um pouco dessa força magnética e, após uma pausa, quando ocorre alguma forma de assimilação, a descarregam. A sua existência é intensamente ativa, muito mais do que é possível a nós que vivemos na forma física densa — mesmo nos nossos períodos de exaltação mais intensa.

Outras observações parecem confirmar a idéia de que eles continuamente absorvem e descarregam energias, de uma forma ou de outra. Consegui, por fim, vislumbrar de relance uma fada do mar, quando, por uma fração de segundo, ela se encontrava relativamente imóvel; uma oportunidade raríssima! Ela parecia estar saturada de energias vitais, que se propagavam a uma distância bem maior do que aquela alcançada por sua emanação natural, a uns dois metros, digamos, em todas as direções, o que lhe conferia o aspecto de um ser humano gloriosa e radiantemente feliz, os olhos fulgurando, os braços estendidos em meio a uma auréola pulsante de luz branca. A criatura, obviamente, experimentava um enorme prazer pelo fato de estar sendo cumulada de energias; quando estas eram liberadas e passava a sensação, ela novamente retomava o processo.

As variedades menores de fadas do mar apresentam alguma semelhança com as fadas de terra firme que foram fotografadas,* embora não possuam asas e se apresentem nuas. Parece registrar-se também uma variação maior de tamanho, pois as criaturas do mar encontradas junto da rebentação chegam a atingir entre vinte e sessenta centímetros de altura, aproximadamente. O contacto com elas suscita sentimentos os mais desencontrados. A fada de terra firme é toda amistosa e agradável, estando as suas vibrações em harmonia com as vibrações humanas; as fadas do mar, pelo contrário, não se colocam facilmente ao alcance da consciência e, pelo que pude comprovar até agora, o seu padrão de vibração não se harmoniza facilmente com o meu. São também

---

* Ver *Fairies*, de E. L. Gardner.

muito mais ensimesmadas e não parecem manter muita comunicação, se é que mantêm, entre si. Ouvem-se muitos chamados, porém nada que se assemelhe a uma resposta; pode ser, no entanto, que o estado de constante e intensa atividade torne-as não receptivas à comunicação externa (esta afirmação deve ser tomada genericamente, pois é óbvio que existem algumas formas de comunicação e consciência de grupo entre elas). As variedades menores não se elevam tão alto no espaço quanto as maiores, porém seus vôos são graciosos, raramente ultrapassando dez ou quinze metros de altitude; com mais freqüência, limitam-se a roçar a superfície das águas ou a cavalgar a crista das ondas. Os exemplares encontrados em alto-mar alcançam grandes altitudes, chegando mesmo a ultrapassar o meu campo de visão."

OBSERVANDO A SUBIDA DA MARÉ

Abril de 1922.

Como sucedeu em outras ocasiões, estou impressionado com o fato de que, até onde a vista alcança, ao longo da costa ou ao longe no mar, o espaço aéreo se mostre tão densamente povoado por incontáveis espíritos da Natureza das mais variadas fases de linha evolutiva, desde as criaturas menores, de aspecto humano, que brincam nas ondas, passando pelas variedades maiores de espíritos do mar (alguns dos quais assemelham-se a peixes e mesmo a pássaros, embora geralmente apresentem cabeça e tronco humanos), até os grandes devas, com sua calma majestosa, em suas paragens de alto-mar.

Como já dissemos anteriormente, parece que, à medida que aumenta a vitalidade elétrica com a subida da maré, as hostes de espíritos do mar se recobrem com matéria etérica, a fim de partilhar mais intensamente do magnetismo revigorante e vitalizador que é gerado e se manifesta à proporção que o nível das águas sobe mais e mais. Quando sobrevém a calmaria relativa da baixa-mar, eles se retiram para o plano astral, onde vão desfrutar as sensações estimulantes por que passaram e aguardar ansiosamente a nova mudança da maré, para uma vez mais repetir os processos revitalizantes que, em larga escala, confundem-se com a sua própria vida. É possível, para cada um de nós, reproduzir, no íntimo, um pouco deste formidável êxtase, observando-os e esforçando-nos para unir a nossa consciência à deles.

Este processo de auto-exaltação, que é por eles continuamente repetido, parece desencadear-se a uma certa distância no mar, de onde eles se precipitam, com rapidez incrível, até a linha de rebentação para aí entrar em contacto com o magnetismo da maré, que se irradia para o alto e para baixo, enquanto dura a subida das águas, aumentando de intensidade e potência à medida em que o nível da preamar é alcançado.

Ingressando no campo magnético, eles se tornam visíveis na forma humana, quase sempre impressionando o olho físico por meio de clarões de luz branca; então, passam a avançar lentamente, absorvendo o magnetismo e experimentando uma sensação de intenso prazer, até que seja alcançado um estado em que mesmo os seus organismos etéreos nada mais podem conter: sobrevém uma pausa momentânea, na qual o rosto externa a alegria mais radiante e vital e todo o ser é envolvido por uma auréola luminosa, algo como uma descarga elétrica. Quando o ponto de saturação é alcançado, a energia se dissipa totalmente; a criatura deixa então o campo de visão etérica num estado de letargia onírica e uma vez mais se retira para o plano astral.

Durante este processo, o corpo astral chega a expandir-se até o dobro de seu tamanho natural (que, por sua vez, é duas vezes maior do que o corpo denso); ele é enormemente estimulado pela experiência, cujo efeito parece perdurar por um tempo considerável. A força absorvida e descarregada torna-se afetada pelas vibrações do espírito do mar, que a especificou, tal como o *prana* é absorvido e especificado pelo ser humano.

Uma outra variedade de espírito do mar é aquela que se assemelha a uma enorme gaivota com cabeça humana e cujas asas, longas e alvas e em constante agitação, são formadas pela configuração áurica; elas não estão dispostas como nos pássaros, sugerindo antes dois raios recurvados de uma roda e lembrando um utensílio agrícola bastante comum, o corta-palha, com sua grande roda e suas lâminas curvas. Tais espíritos do mar não parecem voar como os pássaros o fazem, mas giram continuamente em torno de seus próprios corpos, virando e rodopiando velozmente no espaço, de dez a quinze metros acima das ondas. Pelo visto, o espetáculo de sua exibição é contínuo, sem pausa, e com ele se divertem, porém de modo menos concentrado e sistemático do que dá a entender a descrição. Um exemplar de tamanho médio é cerca de duas vezes maior do que as gaivotas maiores. Assemelham-se bastante a rodas voadoras, de cor branca, girando no espaço.

Enquanto eu escrevia estas linhas, sentado num ancoradouro a uns dez ou quinze metros acima da linha de rebentação, diversos espíritos do mar, de cor branca e aspecto humano, nos observavam; alguns erguiam-se bruscamente, pairavam por um momento no ar e olhavam, um tanto espantados, em nossa direção, como que surpresos por verem um ser humano tentando entrar em seu reino. Os seus rostos são extraordinariamente belos e de aspecto totalmente humano; nem mesmo os olhos possuem aquela expressão inumana que é tão característica a todos os tipos de devas da Natureza. É difícil afirmar exatamente em que eles se distinguem de nós. A intensidade de nossas emoções parece sugerir-nos calor ou, pelo menos, fervor de sentimentos; por outro lado, nos espíritos do mar eu sinto um frio intenso, qual uma vibração de outro mundo, um mundo fisicamente frio, embora emocionalmente vivo. Lembram-me a Lua pois, no fundo, a despeito de toda a rapidez de seus movimentos e da intensidade de seus sentimentos, há neles uma frieza impassível, como se coração nenhum batesse nesta réplica quase mecânica de uma das forças da Natureza. Seus sentimentos parecem se tornar mais glaciais à medida que aumenta a sua exaltação, como se eles não passassem de materializações da eletricidade magnética. O centro da consciência parece estar localizado na cabeça, onde se manifesta sob a forma de uma chama brilhante. Não possuem nenhum corpo etérico estável, mas são capazes de assumir temporariamente um corpo, a fim de manter contactos com o plano físico.

CAPÍTULO V

FADAS

De todos os habitantes do Reino da Fantasia que pude observar, a "fada" autêntica, tal como a descrita neste capítulo, é aquela cujo contacto me proporcionou o maior prazer e com quem sinto uma afinidade maior. A fim de ajudar o leitor a visualizar claramente o aspecto de uma fada, recomendo o estudo das fotografias de fadas que ilustram o livro de Sir Arthur Conan Doyle, *The Coming of the Fairies* [O advento das fadas].* Pessoalmente, estou convencido da *bona fides* das duas moças que tiraram as fotografias. Passei algumas semanas na companhia delas e de seus familiares e certifiquei-me da autenticidade de suas clarividências, bem como da presença de fadas exatamente iguais às fotografadas no vale de Cottingly, e da absoluta honestidade de todos os envolvidos no caso.

UMA FADA DOURADA

No jardim. 17 de outubro de 1921.

A sua coloração é positivamente clara, ela é risonha e cheia de alegria, possui uma expressão franca e destemida e é rodeada por uma aura dourada, em que se pode delinear o contorno de suas asas. Observa-se também uma ponta de travessura em sua pose e fisionomia, como se ela se preparasse para pregar alguma peça nos pobres mortais que se dispõem a estudá-la.

Sua atitude se transforma subitamente e ela se põe séria. Esticando ao máximo os braços, mergulha num estado de concentração

---

* As fotografias foram também publicadas, isoladamente, pela Theosophical Publishing House, Ltd., Londres.

que tem por efeito reduzir o tamanho de sua aura e interiorizar-lhe as energias. Após manter-se nesse estado por cerca de quinze segundos, ela liberta toda a energia represada, que se propaga por todas as direções sob a forma de fluxos energéticos dourados e parece afetar todos os talos e flores que se acham ao seu alcance (ela se encontra no meio de crisântemos). A vibração que já se fazia presente no local, provavelmente por causa de atividades similares de sua parte, é então reforçada. Outro efeito dessa operação é fazer com que o duplo astral da moita brilhe com redobrada intensidade, efeito este que se pode notar também nas raízes.

FADAS DA ILHA LE MANX

Nas encostas ocidentais do Snaefell. Agosto de 1922.

Encontramos uma raça encantadora desse "povinho" quando escalávamos a montanha, a partir de Sulby Glen, uma raça que se distinguia, em muitos pontos, dos espíritos da Natureza ingleses. Tendo de dez a quinze centímetros de altura, seu aspecto sugere, em miniatura, homens e mulheres de eras muito remotas. Ao contrário de seus irmãos do continente, eles se movem calmamente, quase com languidez, pela encosta da colina. Seus olhos, que têm uma expressão suave e sonhadora, são amendoados e estreitos. O rosto ostenta um perpétuo sorriso; os traços são bem proporcionados, embora o queixo seja excessivamente recuado. Parece haver representantes de ambos os sexos, as mulheres trajando longos vestidos estampados e coloridos e os homens com vestimentas feitas de um material lustroso, parecido com a seda, predominando uma cor azul-escuro de brilho elétrico. Sugerem vagamente um cavalheiro e uma dama do período Stuart, mas suponho que as suas figuras sejam modeladas com base em povos bem mais antigos. Produzem uma música suave, semelhante ao som de uma flauta, e que, provindo simultaneamente de várias fontes, causa um efeito como que de um gorjeio. Eles dançam e brincam na encosta da colina, que se mostra povoada por um sem-número dessas criaturas.

Ocasionalmente, surgia no meio deles uma criatura que lembrava um pouco um gnomo, embora provida de patas traseiras como as de um animal. Estas criaturinhas não possuem asas e carecem da intensa vitalidade que caracteriza todas as outras espécies de fadas com que nos deparamos. A sua consciência mal chega a influir sobre suas formas; algumas delas dão a impressão de estar caminhando enquanto dormem. São extremamente gentis e cordiais em seu relacionamento mútuo, exprimindo antes amor, do que alegria. A sua existência é das mais pacíficas e sossegadas, quase como num sonho.

O núcleo vital parece estar localizado exatamente na parte mais estreita do dorso, no ponto de ligação entre os corpos físico e astral, flutuando este um pouquinho atrás e acima daquele. É uma criatura informe cujas cores predominantes são o rosa e o prateado, que apresentam uma intensa luminosidade. Parece estar parcialmente incorporada. Trata-se, provavelmente, de uma raça bastante antiga, a ponto de se encontrar em vias de extinção.

FADAS

Kendal, dezembro de 1922.

Aqui vive uma variedade bastante atraente de fadas. Elas possuem a expressão mais suave e gentil que já me foi dado ver, à exceção talvez das fadas da Atlântida, observadas nas encostas ocidentais do Snaefell. São verdadeiramente belas e se deslocam da maneira mais delicada possível, com extrema graça e beleza. Uma delas nos avistou, mas não parecia estar amedrontada. Com a mão direita, ela suspende o vestido diáfano, no qual se podem discernir as cores rosa e branco. Com a esquerda, carrega algum objeto que no momento não consigo identificar; seus membros se mostram descobertos, seus cabelos são longos e soltos e em torno da cabeça piscam pequenos pontos de luz, tal uma grinalda; é tão formoso o seu porte que, não fosse a falta total de autoconsciência e a perfeita candura transmitida pela expressão do rosto e dos olhos, eu teria julgado que ela posava. Vejo por todos os lados outros exemplares tão belos como este, os quais se distinguem entre si por algum ínfimo pormenor. Uma delas, que se encontra de costas para mim, possui cabelos longos e escuros, que caem livremente bem abaixo da cintura; o seu braço, alvo e belo, estende-se à sua frente e um pouco para o lado à medida em que ela caminha lentamente pelo bosque. O lugar parece ser o próprio Reino da Fantasia, e se houvesse tempo eu poderia passar horas descrevendo as suas criaturas.

Preston, 1922.

Um belo espírito da Natureza, do sexo feminino, exatamente igual a um pequeno deva das árvores, tem sua morada numa espessa sebe das redondezas, por onde proliferam amoreiras silvestres, plantas rasteiras e espinheiros avermelhados. Obviamente, processos similares àqueles que ocorrem com as árvores verificam-se também nas extensas sebes. Este espírito da Natureza constitui uma atração toda especial. Possui cerca de um metro ou um metro e trinta de altura, veste uma roupa leve, um vestido ondulante e transparente, e olha direto para nós, com um sorriso dos mais francos e cordiais; demonstra uma incrível vitalidade e dá a impressão de manter em perfeito equilíbrio uma grande energia dinâmica. A sua aura é singularmente intensa, assemelhando-se a uma nuvem, com tons suaves, porém radiosos, na qual piscam e se irradiam deslumbrantes feixes de luz. As suas cores não têm paralelo com as cores conhecidas, em matéria de delicadeza, abrangendo matizes suaves de rosa-claro, verde-claro, lavanda e azul-celeste, perpassados continuamente por brilhantes feixes luminosos. Ela se encontra num estado de exaltada felicidade.

A título de experiência, submeti-me voluntariamente ao forte fascínio de sua presença e, por algum tempo, inconsciente do meu corpo, porém suficientemente desperto para retornar a ele quando assim o desejasse, experimentei um pouco da radiante e jubilosa felicidade que parece constituir o estado permanente de todos os habitantes do Reino da Fantasia. Um contacto mais direto oferece riscos; exige um esforço supremo, o abandonarmos a existência carnal para uma vez mais retornarmos a ela.

(26 de setembro de 1921. Numa clareira, a poucas milhas de casa.
Árvores belas e velhas, apresentando já a sua coloração outonal,
um ribeirão que corre suavemente e a luz do Sol de outono
que tudo banha)

A superfície destes campos acha-se densamente povoada por fadas, por duendes e por elfos, e por uma espécie de criatura da relva, algo entre um elfo e um duende, embora de tamanho menor e aparentemente menos evoluída que ambos.

As fadas adejam pelo lugar com seus breves vôos, assumindo poses muito graciosas. Manifestam em seu mais alto grau virtudes como a despreocupação, a graça e a *joie de vivre*. Algumas delas voam pelo lugar separadamente. Entre um pouso e outro, observam uma pequena pausa. Parecem transportar alguma coisa que, a cada pouso, é transmitida à relva ou às flores; pelo menos, tocam com as mãos o terreno em que vão aterrissar, como se estivessem aplicando-lhe alguma substância, para, em seguida, tornarem a levantar vôo rapidamente. São visíveis mais claramente nos momentos em que vão pousar ou levantar vôo; depois de pousar, desaparecem de vista. São fêmeas. Os seus vestidos costumam ser de cor branca ou rosa-clara, sendo justos e confeccionados de um material lustroso, com textura extremamente fina, preso à altura da cintura e brilhando como uma madrepérola de várias cores. As pernas e os braços mostram-se a descoberto. As asas são pequenas e alongadas, de formato oval.

FADAS DANÇARINAS

Cottingly. Agosto de 1921.

Uma intensa radiação luminosa espalha-se pelos campos, sendo visível a uma distância de quinhentos metros. Ela é ocasionada pela chegada de um grupo de fadas que se acham sob o controle de uma fada superior, bastante severa e taxativa em suas ordens, exercendo uma autoridade incontestável. Elas se espalham num círculo cada vez maior à sua volta e, à medida em que o fazem, uma suave incandescência alastra-se pela relva. De dois minutos para cá, desde que elas passaram a voar até o alto das árvores e daí de volta ao chão, o círculo expandiu-se até alcançar um diâmetro aproximado de três metros e meio, achando-se magnificamente iluminado. Cada um dos integrantes desse bando de fadas está em contacto com a fada que as conduz, posicionada no centro do círculo e um pouquinho mais acima do que as outras, devido à ação de jatos de luz. Tais jatos apresentam variados matizes de amarelo, com propensão para o laranja, convergindo para o centro e ali fundindo-se à aura, podendo observar-se ainda um contínuo fluxo, para o centro ou vice-versa, em volta deles. A forma assim produzida apresenta-se tal qual uma compoteira invertida, fazendo a fada dirigente as vezes de suporte, e as linhas luminosas, que fluem segundo uma curva graciosa e uniforme, o bojo.

Suas atividades ininterruptas estavam engendrando uma forma mais complexa ainda, mas infelizmente o adiantado da hora nos obrigou a partir.

Lake District. Agosto de 1922.

Um grupo de fadas dança e dá cambalhotas sobre um pequeno platô do outro lado do ribeirão. Seus corpos possuem formas femininas e sua principal vestimenta é de cor azul-clara; suas asas, que possuem um formato quase oval, agitam-se constantemente enquanto elas dançam, em círculo e de mãos dadas. Algumas delas trazem um cinturão folgado, do qual pende um instrumento parecido com uma corneta. Todas estão recobertas por um material que serve para ocultar as suas figuras, mais do que se observa geralmente entre essa espécie de espíritos da Natureza. Medem aproximadamente quinze centímetros. Os cabelos, que em todas elas são de cor marrom, apresentam desde as tonalidades mais claras até as quase negras.

A figura da fada apresenta uma cor rosa-clara bastante esmaecida, verificando-se também, em quase todos os casos, uma cor azul-clara na aura e nas asas.

Elas estão representando alguma coisa não muito diversa de uma dança folclórica; e suponho que seja o seu pensamento que engendra inúmeras e minúsculas margaridas que aparecem e desaparecem, às vezes sob a forma de uma única flor, outras vezes reunidas em grinaldas ou coroas.

Elas descarregam, na atmosfera ambiente, considerável quantidade de uma energia especial sob a forma de faíscas prateadas. O efeito produzido por esse espetáculo de eletricidade em miniatura, fluindo através de suas auras e do curioso alumbramento ou névoa em que todo o grupo é banhado, é dos mais belos; esta névoa alcança uma altura de vinte a vinte e cinco centímetros, atingindo o seu ponto mais alto acima do centro do grupo. O seu efeito sobre as fadas é o de proporcionar-lhes um sentimento de completo isolamento: de fato, as outras espécies de espíritos da Natureza que se acham na vizinhança mantêm-se afastadas da esfera encantada.

Agora, elas modificam a sua formação e passam a realizar uma evolução bastante complexa, produzindo eixos radiais através do círculo. Elas não permanecem exatamente no mesmo lugar, pois, quando o grupo se move, a aura isolada também o acompanha. A dança, que é também um ritual, lembra certos personagens dos *Lanceiros*. Possuem um apurado senso de ritmo, pois, apesar de seus movimentos espontâneos e livres, conseguem "manter o passo".

Enquanto eu as observo, uma figura cor-de-rosa, semelhante a um glóbulo ou a um coração, desenvolveu-se lentamente no centro do círculo, descarregando a cada pulsação uma força que flui segundo finas linhas ou estrias. O invólucro áurico expandiu-se consideravelmente, e não deixa de lembrar uma grande compoteira de vidro invertida. Parecem alimentar a idéia de que estão constuindo um edifício, pois agora surgem divisões radiais, extremamente finas e brilhantes, que dividem a fundação em compartimentos. Aos poucos, o grupo vai deixando o meu campo de visão.

Lancashire. 1921.

Estamos rodeados por um grupo de encantadoras fadas dançarinas. Elas sorriem, cheias de alegria. A líder, nesse caso, é uma figura feminina com provavelmente sessenta centímetros de altura, envolvida por roupagens transparentes e ondulantes. Na sua testa, há uma estrela. Possui grandes asas que refletem matizes pálidos e delicados, do rosa ao lavanda; com a rapidez de seus movimentos, entretanto, o efeito produzido é branco. Os cabelos são finos e castanhos-dourados e, ao contrário das fadas menos evoluídas, caem para trás e se confundem com as forças fluentes da aura. A sua figura é perfeitamente proporcionada, com formas arredondadas como as de uma garotinha. Na mão direita, ela segura uma varinha de condão. Embora sua expressão seja de pureza e ingenuidade, o rosto transmite ao mesmo tempo uma decidida impressão de força. Isso se nota particularmente nos olhos azuis e abertos, que ardem como chama e têm todo o aspecto de fogo vivo. A testa é alta e imponente, os traços são pequenos e redondos, as pequeninas orelhas constituem um poema de perfeição física. Não existe nenhuma angulosidade nesta figura de uma beleza transcendental. O porte da cabeça, do pescoço e dos ombros é majestoso, sendo toda a sua pose um modelo de graça e beleza. Uma radiação azul-clara envolve essa gloriosa criatura, tornando-a ainda mais bela, enquanto jatos de luz dourada partem de sua cabeça e a circundam. A parte inferior da aura é cor-de-rosa e iluminada por uma luz branca.

Ela tem consciência de nossa presença e, por isso, permaneceu graciosamente imóvel para que essa descrição pudesse ser feita. Ela ergue a sua varinha de condão que possui aproximadamente o comprimento de seu antebraço e brilha com uma luz branca, ardendo com uma luz amarelada nas extremidades. Ela se reclina graciosamente, exatamente como uma *prima donna* faria para agradecer a uma platéia educada. Ouve-se uma música um tanto tênue e remota, demasiado sutil para que eu possa representá-la, uma música que seria como que produzida por minúsculas agulhas, delicadamente entoada e marcada pela batida de martelos também minúsculos. Trata-se antes de uma série de tinidos do que de uma melodia contínua, talvez porque eu seja incapaz de captá-la integralmente. O grupo, então, levanta vôo e desaparece no ar.

CAPÍTULO VI

SILFOS

A palavra "silfo" é usada em dois sentidos: para designar aqueles espíritos da Natureza que esposam os elementos do ar, mais que os da terra, do fogo ou da água, ou então para denotar uma etapa específica da evolução do deva. Com isso, quero dar a entender que, assim como na linha evolutiva humana a vida atravessa antes o estágio mineral, o vegetal e o animal, para então alcançar o reino humano e encarnar-se num *ser humano específico*, também a evolução dos espíritos da Natureza se processa de modo similar, através dos reinos mineral e vegetal e daí para o animal, onde se associa aos pássaros menores, peixes e insetos. As fadas inferiores, etc., que descrevemos, situam-se aproximadamente no mesmo nível que os nossos animais domésticos; a vida, finalmente, atravessa estes estágios para chegar até o silfo, que se torna então apto a atuar como um "anjo" individualizado. Neste livro, entretanto, reservei o nome de silfos somente àqueles espíritos da Natureza que parecem esposar os ventos, as névoas e as tempestades.

Bowland. Julho de 1921.

Exultantes em meio ao furor dos ventos, a uma grande altitude, podem ser vistos alguns silfos. Embora a sua estatura seja bem menor que a humana, a figura do silfo em tudo se assemelha à do homem, conquanto sejam assexuados. Eles se divertem selvagemente, cruzando com velocidade os céus, em grupos de dois ou três. Há uma certa ferocidade em sua alegria e nos seus guinchos, soando os seus gritos como uivos enfurecidos da ventania; nisso, lembram as Valquírias do "Anel" wagneriano.

À primeira vista, parecem alados, com um magnífico par de asas ligado ao corpo, do alto dos ombros até os pés; dir-se-ia mesmo que tais asas apresentam uma certa estrutura interna, o que no entanto não passa de uma ilusão produzida pelas forças atuantes em suas auras. O rosa e o azul-celeste são as suas cores predominantes, enquanto muitos matizes se irradiam continuamente do alto de suas cabeças. Um grupo de três exemplares, que estou observando, apresenta uma aspecto ainda mais espetacular. À medida que eles giram e voam pela ampla abóbada dos céus, suas cores brilhantes pulsam com extraordinária rapidez, tanto em volta como acima deles, em todas as direções, principalmente para o alto. Ocasionalmente, o que parece ser um lençol multicolorido, formado por faixas brilhantes, flutua entre um silfo e outro, assumindo gradativamente os mais pálidos matizes imagináveis, sendo estes, principalmente, o azul-claro, o rosa, o verde e o lavanda, através dos quais cintilam luzes semelhantes a línguas de fogo amarelas. Há uma certa ordem nesta comunicação através das cores, embora o seu significado seja totalmente obscuro para mim; as características principais parecem ser a alegria e uma feroz exaltação.

Os rostos dessas criaturas do ar assemelham-se aos de seres humanos femininos, de uma estranha beleza e ferocidade, fortes, vitais e moderados, a despeito de sua aparentemente arrojada desenvoltura. Parecem cobrir grandes distâncias, de quinze a vinte quilômetros, num abrir e fechar de olhos, à velocidade da luz. As suas substâncias são integralmente astrais.

Nas encostas do Helvellyn. Abril de 1922.

Enquanto algumas nuvens carregadas de tempestade aproximam-se pelo vale, observa-se a presença de um certo número de espíritos do ar, semelhantes a pássaros, precedendo-as velozmente. Muitos têm um aspecto sombrio e desagradável, recordando vagamente morcegos. Eles se arremetem para a frente e para trás ao longo do vale, por vezes acompanhando exatamente a conformação das colinas. Apresentam um estado de alta excitação e dão a impressão de estarem estimulando as forças elétricas e magnéticas que caracterizam a tempestade. Seus rostos são humanos e bem proporcionados, com expressão desagradável; o resto do corpo não se encontra inteiramente formado, o que lhes confere antes o aspecto de pássaros com cabeças humanas. A sua velocidade é infinitamente maior do que a de qualquer pássaro, cruzando o vale num segundo de tempo.

As nuvens, agora, mudaram de direção, desviando-se para o Sul a fim de formar uma nova frente. Conta-se por perto um grande número desses exemplares de silfos, provavelmente uma centena, e, entre eles, alguns espécimes mais claros. Emitem um guincho grotesco e, por vezes, se elevam quase verticalmente às nuvens e acima delas. Não se trata das mesmas entidades poderosas geralmente vistas no meio dos temporais, que são muito maiores e costumam chamar a atenção sob a forma de pontos luminosos amarelos entre as nuvens.

Existem naturalmente muitas espécies diferentes de silfos da tempestade, que variam de tamanho, potência e estágio evolutivo.

ESPÍRITOS DA TEMPESTADE

Durante uma forte tempestade que se abateu sobre Londres, às 3:00 h do dia 10 de julho de 1923.

Demoníacos e terrificantes, além de qualquer descrição, são os seres que, nas alturas, são vistos a exultar, enquanto o clarão dos relâmpagos e o barulho ensurdecedor dos trovões continuam, hora após hora, noite adentro.

O seu aspecto sugere vagamente morcegos gigantescos. Seus corpos são semelhantes aos dos homens, embora aquilo que, ofuscante como o próprio relâmpago, brilha através de seus grandes olhos repuxados para cima, não seja típico dos seres humanos. Sua cor é negra como a noite; sua aura, rubra como a chama, dividindo a parte posterior de seus corpos em duas enormes asas. Os cabelos, como labaredas, caem para trás de suas cabeças feito línguas de fogo.

No meio da tempestade, exultam milhares de seres — e esta não é mais do que uma sua precária descrição. O embate dos elementos provoca-lhes a exaltação da consciência (uma palavra que exprimisse o extremo oposto de "exaltação" seria mais adequada, porquanto o que se observa é que, por esse meio, as sombrias legiões das tempestades são dotadas de veículos para aceder à sua manifestação exterior). Eles rodopiam, mergulham, arremetem, ganham altura e planam, aparentemente intensificando as forças da tempestade, que neles parece encontrar a sua personificação.

Atrás deles e mais alto, no epicentro da tempestade, acha-se um ser, perto do qual as entidades menores da tempestade e do caos não passam de morcegos insignificantes. Lá, no âmago de tudo, pode-se ver um dos grandes devas dos elementos, de forma humana, embora totalmente sobrenatural por sua beleza, majestade e poder. Foi a certeza dessa "Presença" no centro que me inspirou coragem e calma quando, pouco antes de um relâmpago fender os céus com sua língua de fogo, um dos seres sombrios pareceu mergulhar sobre nós e, por alguns instantes, pairar sobre nossas cabeças. Os olhos malignos, luzindo em frenesi, fixavam-se embaixo, na terra. Por uma fração de segundo, a consciência velada por estes olhos foi contactada, produzindo uma sensação de vertigem e terror sem paralelo para mim, senão quando dos dias sombrios da guerra, das noites pavorosas passadas sob bombardeio e fogo de artilharia. Com o presente teste, foi possível apreender o que exatamente significaram aqueles dias, pois, automaticamente, a consciência superou o medo e o corpo dominou o tremor causado pela visão e pelo estrondo do trovão que a acompanhava. No mesmo instante, o espírito maligno da tempestade desapareceu, emitindo o mesmo grito de triunfo, grotesco e sobrenatural, que se ouvia continuamente, como que produzido por milhares de gargantas.

No meio de todo esse caos, havia calma e um inabalável equilíbrio, um poder reconhecido até mesmo por estas legiões rebeldes. Além de um certo limite, elas não podiam mais avançar, pois eram sempre contidas por uma Vontade que reinava suprema sobre as forças elementares que, como se tivessem sido enviadas pelo Inferno, engajavam-se na batalha da tempestade, hora após hora, a noite inteira, até o fim.

Gênova. 1924.

Enquanto observava as rápidas evoluções dos silfos nas alturas, um deles, detendo-se momentaneamente, aproximou-se de nós. Baixou lentamente até alcançar um estado de relativo repouso a cerca de um metro do chão e aí permaneceu, suspenso no ar, por sobre a franja ondulante da relva — um ser de beleza transcendental.

A figura apresentava-se nua e, conquanto assexuada, possuía traços masculinos, tendo cerca de dois metros e meio de estatura e sendo perfeitamente modelada e proporcionada. Uma aura a envolvia, com cerca de três vezes o tamanho de sua figura, projetando irradiações muito além de sua periferia. O centro vital parecia ser constituído por um *chakram* situado na região do plexo solar, extremamente ativo e esplendidamente brilhante. As cores da aura pareciam brotar deste centro e fluir em ondas contínuas até a sua margem exterior. O seu movimento rotatório, bem como as linhas de força e as cores que dele emanavam, geravam formas sumamente complexas. Tais linhas eram curvas e se cruzavam continuamente, como o trançado de um cesto; o centro girava com grande rapidez e intenso brilho.

Na aura, predominavam as cores rosa e dourado, às quais se mesclava um insólito matiz azul, combinação que engendrava uma nuança de púrpura, como nos urzais banhados pela luz solar, refletindo-se incessantemente sobre a aura. Outras linhas de força emanavam do corpo, dividindo-se à altura dos ombros e organizando-se em forma de asas até o alto da cabeça.

O contacto com a consciência desse ser glorioso despertou em mim um sentimento de exaltação, iluminação e intensa vitalidade.

A atividade de sua consciência afetava a aura acima de sua cabeça, fazendo com que as massas de cores, que se diferenciavam daquelas descritas acima, surgissem e sumissem de acordo com o ritmo da mente.

Ao estender a mão para nós, recebemos um fluxo de energia, o que fez com que nossas auras vibrassem com um pouco de sua força. Erguendo os braços e as mãos para o alto, parecia concitar-nos a abandonar as limitações da carne e a acompanhá-lo aos planos superiores do espaço e da consciência (como uma tentativa de ceder ao seu chamado produziu uma forte dor de cabeça, vimo-nos infelizmente obrigados a declinar do perigoso convite).

Constatei que, mesmo nos momentos em que experimentávamos prazer e exaltação no mais alto grau possível, ainda assim nos encontrávamos muito aquém da intensa e deslumbrante vitalidade que parece constituir o estado normal desta criatura que tentei descrever.

FADAS DAS NUVENS

Grand Saleve. 1924.

As fadas das nuvens parecem combinar os atributos da ondina e do silfo. Elas habitam tanto no interior como em volta das nuvens, cuja forma parecem moldar, modificando, através de sua faculdade de engendrar formas, as figuras produzidas pela ação dos ventos. No coração ensolarado das grandes nuvens, observa-se uma atmosfera de verdadeiro encanto, com as fadas construindo palácios, castelos e todo tipo de moradas fantásticas. Ocasionalmente, sob a direção de um deva superior, uma nuvem inteira chegava a ser modelada por sua ação conjunta. É interessante observar como um pequeno fiapo de nuvem se destaca para assumir formas características de animais grotescos, insetos, aves ou peixes. Poder-se-ia considerar as nuvens quase como escolas, centros de treinamento para o manuseio das essências elementares e a produção de formas, bem como para as operações mais complexas na matéria densa.

CAPÍTULO VII

DEVAS

Para a mente oriental, a palavra "deva" refere-se a uma hoste de iluminados de uma variedade quase infinita de formas e funções. Neste livro, limitei-me àquelas espécies particularmente associadas à Natureza, que tive a oportunidade de estudar.

Este capítulo trata principalmente dos devas da Natureza ligados ao reino vegetal, que, na maioria dos casos, são avistados em campo aberto, longe dos redutos humanos.

Para eles, a existência corpórea não possui a importância que nós lhe atribuímos. Estão habituados à desintegração das formas e seriam incapazes de discriminar entre os despojos de um corpo humano e os restos de uma árvore abatida por um raio.

Eles representam o que se poderia denominar o *ponto de vista da Natureza*, e não encaram a destruição das formas senão como uma modificação — um processo natural. Para esta espécie singular de espíritos da Natureza, os nossos sentimentos humanos ou o nosso apreço pela forma seriam inconcebíveis, assim como a sua conduta absolutamente lógica aparece-nos como uma desumanidade consumada. Outra diferença marcante é a sua desconsideração pelos detalhes, ao passo que a existência humana é praticamente composta de detalhes. O deva da Natureza está associado às vastas extensões, às grandiosas paisagens e às potências elementares, e parece nunca considerar uma parte como separada do todo. Constituem o lado vivo da Natureza, uma expressão da energia divina, e poderiam ser considerados quase como materializações da Vontade. A vontade do Criador encontra neles a sua expressão, e eles por sua vez constituem os agentes e canais divinos na Natureza sensível.

DEVAS DA NATUREZA

Lake District. Novembro de 1921.

Estou impressionado com o fato de toda esta região ser densamente povoada, em todos os níveis, pela vida dos devas, desde os minúsculos espíritos da Natureza, duendes, homúnculos, gnomos e fadas, até as espécimes individualizadas de devas da Natureza. Em geral, os espécimes inferiores são encontrados junto da superfície da Terra; há uma tribo de fadas aparentemente próximas da individualização, que possuem tanto inteligência como vontade, sendo capazes de atingir grandes alturas; já os devas da Natureza propriamente ditos preferem os cumes montanhosos e as grandes altitudes, ao que tudo indica raramente descendo ao fundo do vale.

O primeiro vislumbre que chega a mim é o de formas se deslocando rapidamente pela superfície da montanha e pelos ares. Às vezes, é possível acompanhar uma destas formas por grandes distâncias; noutras, a atenção é atraída por um brilho repentino, que sugere movimento numa determinada direção. É algo como o trânsito de uma populosa cidade, eliminando-se, porém, os edifícios e o ruído. Para onde quer que se olhe e a qualquer distância, consigo perceber esse fenômeno.

UM DEVA DA NATUREZA DE COR BRANCA

Lake District. Junho de 1922.

Bem no cimo do outeiro que se localiza às nossas costas, vejo inúmeros devas da Natureza, cuja cor predominante é o branco, e cujas auras assemelham-se a magníficos cirros. À primeira vista, parecem vestir túnicas alvas e folgadas, muito parecidas com as gregas, em constante ondulação, como se agitadas por uma forte ventania. A sua figura real é inconfundivelmente humana, predominando no seu aspecto características femininas. Suas feições são suaves e arredondadas e os olhos, no caso deste espécime, mais agradáveis e menos duros que de costume. A aura é formada por uma matéria mais sutil que a das túnicas e é de uma beleza arrebatadora. As cores, extremamente delicadas, apresentam, à primeira vista, uma disposição concêntrica; da margem externa para o centro, tanto quanto posso ver, são elas o branco, o lavanda, o amarelo, o rosa e o rosa-claro, além de uma auréola branca ligeiramente materializada que envolve a figura real. Todas as cores apresentam matizes etéricos finos e suaves. A disposição concêntrica é, com freqüência, alterada e as cores substituídas por outras, conforme as flutuações da consciência.

Do alto dos ombros e da cabeça, partindo da periferia do corpo, a aura se projeta para cima, a uma altura de mais ou menos um metro, sob a forma de finas e brilhantes linhas de força, o que confere à criatura um aspecto positivamente sobrenatural e uma impressão de extraordinária vitalidade; centelhas e clarões dourados desprendem-se de sua cabeça. Quando a criatura se encontra em estado de alerta, os olhos luzem com um brilho extraordinário e uma grande concentração. Nas outras partes da aura, observam-se irradiações de energia similares, embora mais fracas, que, no caso da presente criatura, localizam-se claramente em volta dos pés, que apresentam uma configuração perfeita, de aspecto humano e se mostram descobertos; a altura total do corpo é de um metro e meio a um metro e oitenta, sendo que a aura alcança quase o dobro da altura e da largura da figura central.

É curioso notar a impressão de instabilidade que a figura transmite, como se o todo, tão frágil e sutil, estivesse a ponto de se dissipar. Na testa, há um centro vital onde uma luz branca brilha intensamente, observando-se o mesmo em ambos os lados da cabeça e em seu topo; este último possui uma cor amarelo-ouro e dele se projetam fluxos de força para o alto. Na garganta também existe um centro semelhante, embora menos ativo. Além de um grande *chakram* localizado no plexo solar, parecem ser estes os centros vitais da criatura. No plexo solar, um movimento circular é visível a esta distância (90 a 100 metros), movimento que se dá no sentido horário; trata-se de um vórtice extremamente ativo, cuja finalidade parece ser exclusivamente a absorção, e, *ao me concentrar, consigo ver bem dentro dele,* até mesmo sentir o estado desse centro vital; de imediato, me vem à mente a imagem de uma usina geradora de eletricidade. A sua aparência, em princípio, sugeriu-me uma depressão em forma de xícara, com uma entrada na frente; um contacto momentâneo com ele deve ter elevado minha consciência para um plano superior, pois, embora conservando ainda o seu formato de xícara, ele se abria em todas as direções. Este centro parece absorver as energias vitais, ao contrário dos outros que, para aliviar os meios de auto-expressão, a descarregam.

UM DEVA DO LAGO

Na costa ocidental de Thirlmere, junho de 1922.

Durante um passeio vespertino, minha atenção foi atraída por um deva da Natureza que parecia pairar sobre o lago, concentrando sobre este seu olhar e atenção, como se quisesse penetrá-lo até as suas profundezas.

Embora assexuado, predominam em seu aspecto os caracteres masculinos. A sua cor é a mesma dos urzais quando banhados pela luz do poente, embora certas partes sejam mais escuras, apresentando uma cor carmesim-escura. O seu rosto é como o de uma formosa jovem, e, embora os traços sejam fortemente marcados, a impressão geral é de suavidade e perfeição; os ossos da face são salientes e os olhos bastante afastados um do outro, ligeiramente repuxados para o alto nas extremidades.

A aura projetava-se para o alto, de um ponto situado na parte posterior do corpo, que se encontrava em posição semi-horizontal, como se estivesse sendo suspenso por uma forte corrente de ar de baixo para cima.

Subitamente, ele se moveu, arremessando-se a uns 150 a 200 metros de distância, para então se manter suspenso como antes, olhando ainda fixamente para o lago, para o qual toda a sua consciência parecia convergir. Parece que ele estava associado à evolução que se processava sob a superfície, pois linhas de força fluíam de seus olhos e mãos até as profundezas do lago. A atenção por ele demonstrada podia ser comparada à de alguém que esquadrinha um ínfimo detalhe com grande concentração, de modo a que nada escape ao seu olhar; desde que ele foi visto pela primeira vez até agora, decorrida uma meia hora, a sua concentração não parece ter vacilado sequer por uma fração de segundo. Tive a impressão de que ele servia a algum ser superior que se encontrava sempre presente em sua consciência.

DEVAS DA NATUREZA

Na região de Lake District. Mythburn, 26 de novembro de 1921.
Diante do Monte Helvellyn. Subindo a encosta da colina —
Sol radiante — bastante frio.

No topo ou próximo do topo das colinas situadas à nossa direita, pode-se ver um certo número de devas. Demonstram a mesma alegria que anima os espíritos da Natureza em face dos processos naturais, dos quais lhe advém um certo modo alegre de conduta que, entretanto, não se confunde com as travessuras daqueles pequenos seres: um júbilo profundo, que por vezes chega ao êxtase, é o que denotam a sua expressão e a sua atmosfera.

Sua estatura varia desde a de um homem até, aparentemente, dois metros e meio a três metros, e as suas figuras graciosas e longilíneas se revestem das cores majestosas da paisagem que os circunda. Marrom, verde-claro ou escuro, como o dos pinheirais, amarelo-ouro e os tons mais suaves do verde das relvas, no registro mais sublime, brilham nos corpos de luz através dos quais eles são visíveis. Outras cores cintilam constantemente entre eles enquanto conversam.

A colônia agrega provavelmente uma centena de devas. A sua cor parece sofrer pequenas variações de um exemplar para outro. Em alguns, parece predominar um marrom bem vivo, em outros o verde, em outros ainda o amarelo-ouro, acrescidos todos dos matizes correspondentes.

Certos exemplares menores parecem possuir asas ou algo parecido, o que já não se verifica entre os maiores, que vivem próximos do cume.

Eles cruzam o vale quase sempre aos pares, às vezes com uma rapidez incrível, às vezes flutuando graciosamente — e mesmo se divertindo no espaço.

No momento em que eu observava a aproximação de um certo número de exemplares pelo ar, surgiu, de um ponto situado a muitas centenas de metros acima da encosta da colina, um espírito da Natureza bem maior, que se lançou para o vale — um objeto de grande beleza —, porém, os seus movimentos eram rápidos demais para permitir uma descrição detalhada. Sua figura é a de uma mulher com asas muito grandes, e deve ter de dois a dois metros e meio de altura; suas cores predominantes são o vermelho-vivo e o dourado. Ao contrário

83

das fadas inferiores, que se movem a uma velocidade igual à dos pássaros, a sua era muito maior.

Os outeiros da região parecem constituir a morada de um grande número de devas da Natureza. Eles se mostram pela primeira vez ao deixarem os rochedos, e, ao atravessarem o vale na direção das colinas situadas no outro lado, eu os avisto ora isoladamente, ora aos pares, ou em grupos maiores. Às vezes, eles se detêm a meio-caminho ou então se elevam a grandes altitudes, porém nunca descem a menos de 90 ou 100 metros por sobre o regato murmurante que corre no sopé da colina. Também os vejo planando à beira do penhasco, até que, por fim, consigo captar um deles de modo a possibilitar uma descrição mais detalhada.

Trata-se de uma figura feminina, bela e majestosa. Na primeira vez em que a vi, ela se deteve no ar por um momento, olhando para nós, pés juntos e braços estendidos, e o seu manto áurico parece totalmente consistente no interior de um triângulo invertido formado pelas pontas dos dedos das mãos e dos pés. Agora, ela se metamorfoseia em um novo símbolo, o que faz erguendo os braços em graciosas curvas e juntando os dedos das mãos sobre a cabeça; um triângulo invertido, com um círculo colocado em cima de sua base também invertida, é claramente visível, pois aquela disposição triangular áurica permanece pela volição, embora a posição dos braços tenha se modificado. O rosto, que se destaca no meio do círculo, contribui para a força do símbolo. No centro da aura, as linhas mais densas do corpo proporcionam uma representação perfeita do Tao egípcio. Os braços, então, se juntam e se estendem horizontalmente, e a cabeça inclina-se no meio deles. Deve haver algum prolongamento áurico dos braços, pois, vistos de lado, formam, partindo de seu ponto de contacto, um triângulo equilátero. Esta postura tem como efeito intensificar a aura, que agora parece muito mais densa, nela predominando uma cor avermelhada. Os movimentos da criatura são extremamente graciosos, e parecem transmitir algum significado ligado à manifestação das forças da Natureza. Outros símbolos são engendrados a seguir, mas a sua visão já não é tão clara, possivelmente devido a alguma perda de concentração de minha parte. A figura, então, passa a rodopiar rapidamente, sugerindo o que os garotos em suas brincadeiras chamam de cambalhotas: desse modo, formam um círculo perfeito, fazendo, os membros, o papel de raios fixos (nesse ponto, não foi mais possível prosseguir com minhas observações).

CONTACTO IMEDIATO COM UM DEVA DA NATUREZA DE COR CARMESIM

Lake District. Junho de 1922.

Após escalarmos muitas dezenas de metros de uma montanha rochosa, dobramos para o lado, onde havia um urzal que terminava à beira de um imenso penhasco. Tão logo alcançamos este descampado, percebemos com desconcertante rapidez a presença de um grande deva da Natureza, que parecia parcialmente oculto na encosta da colina.

A primeira impressão que tive foi a de uma criatura imensa, de cor carmesim brilhante, semelhante a um morcego, e que me lançou um olhar fulminante. A sua figura não reproduzia integralmente a figura humana, mas antes combinava os atributos de um morcego com rosto e olhos humanos, e tinha as suas asas estendidas sobre os flancos da montanha. Assim que se sentiu observada, assumiu prontamente a sua figura própria, como que para nos enfrentar. Fixou seu olhar penetrante em nós e então sumiu pela encosta da colina. Pelo visto, a sua aura deve ter coberto muitas centenas de metros no espaço, porém, em sua última aparição, a figura real tinha uma altura de cerca de três a quatro metros. O fluxo áurico era extremamente belo e se repartia pela parte posterior do corpo, em lâminas semelhantes a asas, que iam do alto da cabeça aos pés e se projetavam para trás e para fora em curvas graciosas e linhas harmoniosas. As cores eram bem mais escuras do que as de outras criaturas da mesma espécie por mim observadas — um azul-escuro vivo constituía o fundo das emanações áuricas, além de um azul mais suave, do dourado, do rosa e do verde. Em certas partes, as cores chegavam a lembrar as penas de um pavão e mesmo a aura, na verdade, não deixava de parecer uma magnífica cauda de pavão.

Esta criatura transmitia uma impressão de virilidade, potência e uma decidida masculinidade. Um fluxo contínuo de emanações áuricas provocou o surgimento de ondas e ondulações sucessivas através da aura, sugerindo roupas coloridas agitadas por uma forte ventania. A figura central e a área central da aura tinham uma cor carmesim brilhante, a mesma do corpo. Ele dava a impressão de ser o "encarregado" daquela porção de paisagem — como que o responsável pela sua evolução — e suas poderosas vibrações podiam ser nitidamente sentidas, tendo, provavelmente, o efeito de acelerar o crescimento das vidas animal, vegetal, mineral e fantástica, na área sob sua influência. Foi esta a visão mais clara que eu jamais presenciara, e como se deu de modo totalmente imprevisto, proporcionou-me uma grande convicção. Horas depois, o meu corpo físico ainda tremia, devido à força do contacto e do *rapport* estabelecido entre nós.

DEVAS DAS ÁRVORES

Thirlmere. Fevereiro de 1922.

Um grupo de pinheirais muito antigo existente no local de uma antiga colônia romana, conhecida como "A Cidade", na costa ocidental de Thirlmere, parece possuir uma personalidade bastante marcante, o que se observa também nas outras árvores da região, que dão a impressão de excepcional vigor e longevidade, muito mais do que em geral demonstra a consciência das árvores. Nada têm da placidez do carvalho ou da ligeira impaciência da faia, observando-se antes uma intensa vitalidade, como se a consciência a elas incorporada tivesse assimilado um pouco da ferocidade dos elementos, a cuja ação este grupo antigo e imponente resistiu por tanto tempo.

Essa intensidade da consciência é consideravelmente reforçada pela presença de um certo número de espíritos da Natureza bastante ativos que parecem encontrar na "Cidade" o terreno ideal para as suas ocupações; eles se movem rapidamente por entre as árvores, entrando e saindo delas, imprimindo-lhes continuamente a sua vibração. Tamanha é a energia com que exprimem essa vibração, que ela chega a produzir um efeito sonoro supranormal, semelhante ao de um motor bem regulado em funcionamento. Alguns destes espíritos da Natureza parecem ter se associado intimamente a uma árvore ou a um grupo de árvores inferiores, permanecendo estacionários após terem assimilado a sua carga — ou cargas — às suas auras. Outros ainda se movimentam nos galhos mais altos das árvores e, embora cheguem por vezes a atingir uma altura maior, não parecem descer ao solo.

De novo, impressiona-me a vigorosa e incessante atividade que caracteriza o seu trabalho. Conseguiram estabelecer com sucesso um tom básico para a vibração áurica de todo o grupo de árvores e, pelo visto, a sua presença contínua se faz necessária para conservar a energia cada vez maior induzida por esse meio. Esta, no plano físico, manifesta-se sob a forma de uma poderosa força magnética, tão forte que pode ser percebida sem os meios da clarividência.

Os espíritos da Natureza, pelo menos até agora, não parecem possuir individualidade; as suas atividades são visivelmente regidas por uma consciência de grupo. Abaixo do nível da cintura, já não sou capaz de discernir as suas figuras. A cabeça e os ombros possuem aspecto inconfundivelmente humano, mas, daí para baixo, a figura se torna indefinida; muitas correntes de força atravessam-na em diferentes direções, de modo a acarretar uma redução da atividade áurica; as suas auras apresentam inúmeros turbilhões e vórtices, mas as correntes de força dominantes sugerem configurações aladas. O centro vital parece estar localizado no centro da cabeça, onde há um *chakram* perfeitamente definido. Os olhos brilham de modo sobrenatural, assemelhando-se mais a núcleos de força do que a órgãos de visão; parecem incapazes de enxergar o que quer que seja, e tenho dúvidas se seriam capazes de reconhecer outros objetos que não aqueles com que se acham imediatamente em contacto (a consciência situa-se num nível mais elevado e a percepção das coisas é possibilitada por uma faculdade interna, mais do que pela "visão"). Esses espíritos da Natureza não parecem possuir uma inteligência superior; embora animados por um único propósito e possuindo faculdades de concentração maiores do que as encontradas no indivíduo médio, são pueris e simplórios, demonstrando pouca ou nenhuma atividade mental.

Preston, 1921.

Quando caminhávamos por uma trilha no mato, um alto deva de árvore surgiu repentinamente a uns quatrocentos metros à nossa frente, numa posição simetricamente oposta à de um velho salgueiro, ao qual ele parece pertencer; o deva possui uma cor prateada e é tão alto quanto o ser humano. Tendo se manifestado etericamente através do brilho que, a princípio, despertou nossa atenção, ele agora passa a nos contemplar a partir do interior da aura da árvore (é a aura que é prateada; o corpo é da cor de carne). Ele demonstra uma atitude protetora, quase maternal, com relação à árvore, e não nos é hostil. Sua figura é bastante bela, particularmente os braços, longos e muito graciosos, recordando as suas vestimentas áuricas uma queda d'água; não parece alada, embora as ondulações das linhas de força possam sugerir o contrário. Com seus lábios e faces cor-de-rosa, o seu sorriso quase humano, ela possui a faculdade de se fazer passar por uma mulher de carne.

Uma tentativa de entrar em contacto mais direto com a sua consciência deixa-me à mercê daquele feitiço tantas vezes notado pelos estudiosos do Reino da Fantasia.

A sua consciência parece estender-se a todas as partes da árvore que se encontram acima da superfície do solo, mas a sua aura é ainda maior, chegando a incluir a da árvore; embora tenha capacidade para tanto, ela parece não querer deixar a árvore. Suponho que ela tenha uma certa intuição da existência dos homens, pois encara o caminhante que por ali passa eventualmente com uma benévola indiferença. Existem muitas espécies inferiores de espíritos da Natureza ligados à árvore, os quais desempenham diligentemente as suas funções. Se não é ela quem os dirige nestas atividades, tem, por outro lado, consciência delas e pode vir a controlá-las.

Floresta de Epping. Julho de 1923.

Esta área da floresta é densamente povoada por uma espécie excepcionalmente bela de espíritos das árvores, que diferem em muitos aspectos daqueles com que tínhamos nos deparado até agora. A primeira diferença que se constata é a de que existe entre eles algo como um sentimento comunal, ao contrário da indiferença e da reserva que caracteriza a maioria dos devas das árvores. Não possuem individualidade e apresentam formas femininas; a sua cor predominante é um certo matiz verde, mais próximo da cor da esmeralda que da folhagem das plantas, porém carente da vivacidade que caracteriza o verde-esmeralda; trata-se de um matiz suave, que não brilha nem reflete luz, como se a sua superfície apresentasse uma ligeira aspereza; um marrom dourado, não muito distinto da cor das folhagens à luz do sol outonal, mescla-se a este verde.

A maioria desses espíritos das árvores possui a aparência de mocinhas e tem estatura humana. Seus cabelos escuros são longos e caem soltos, o que lhes confere um aspecto selvagem. Alguns portam grinaldas e colares de folhas. Os braços estão nus e a sua forma, da cintura para baixo, é quase sempre um tanto indefinida; o que se observa é um fluxo áurico dirigido para baixo, etéreo, conquanto absolutamente estável, de cor semelhante à dos troncos das árvores. Quando eles se deslocam por entre as árvores, é possível notar claramente a configuração dos membros inferiores, entrevistos em meio à vestimenta áurica com sua cor de carne; quando a criatura flutua, eles se dobram; quando ela se encontra no chão, são usados da maneira normal, para caminhar, dançar ou posar. Quando deslizam e flutuam por entre as árvores, os seus movimentos são dos mais graciosos. Trata-se de materializações radiosas, despreocupadas e comunicativas do espírito da floresta.

Um espécime similar encontra-se nos galhos mais altos de uma árvore, mas somente a cabeça e os ombros são claramente configurados; o resto do corpo é constituído por um ondulante manto áurico, que aos poucos se torna tão etérico que chega a se confundir com a atmosfera ambiente. Sua cabeça está no mesmo nível das copas das árvores, que são totalmente envolvidas por sua aura. Parece haver um desses espíritos para cada uma das árvores maiores. Em alguns casos, a aura chega a estender-se para incluir as árvores menores; nos lugares em que há grupos cerrados de árvores, dois espíritos da Natureza parecem tomar conta do todo.

Um exame mais minucioso ensina-me que existem duas classes distintas de espíritos das árvores; esses que acabam de ser descritos pertencem a uma classe superior e possuem um grau de consciência muito mais elevado. Os olhos são extraordinariamente brilhantes, colocados em um ângulo da face. Eles são calmos e serenos e possuem um grau de equilíbrio ainda não alcançado por seus irmãos mais jovens. Em volta da cabeça, o seu resplendor áurico é bastante radioso, contrastando com as suas roupas um tanto sombrias como a própria floresta. Faixas concêntricas e semicirculares, de cores amarela, carmesim e violeta, cintilantes e brilhantes, cingem a sua cabeça, mais uma vez contrastando flagrantemente com a imobilidade da figura mais densa. Ao buscar um contacto mais imediato com um deles, pude constatar o avançado de sua idade, bem como a sua inesgotável paciência. Os olhos encerram um saber inescrutável, uma ponderada calma, a reflexão de uma consciência que, tendo assistido a passagem de inúmeras quadras da Terra, contenta-se em aqui permanecer, a fim de cumprir os desígnios da Natureza. Para além dos olhos, ao atingir-se a sua consciência, sente-se uma força tão intensa, que me faltam palavras para descrevê-la. Entre a nossa consciência e a deles, a diferença é como a da água para o fogo. Parecem absolutamente incólumes e indiferentes à passagem do tempo, como se, para eles, as nossas estações não passassem de dias. A sua consciência não está focalizada sobre o plano físico, do qual parecem ter pouca noção. Certamente, não prestam nenhuma atenção aos seres humanos que passam debaixo das copas frondosas das árvores da floresta.

Os espíritos dançarinos anteriormente descritos têm perfeita consciência de nossa presença e não se mostram nem um pouco hostis. Por vezes, todos se reúnem para uma bela pose, permanecendo imóveis por alguns instantes para então retomar as suas graciosas evoluções. Algumas de suas poses são extremamente exageradas e fantasiosas, outras são puramente gregas, dando origem a graciosas curvas e linhas; ou, então, são desgraciosas e afetadas. Os seus movimentos nada têm em comum com os deslocamentos rápidos que se observam em tantos espíritos da Natureza. Caminhando ou flutuando, os seus movimentos são sempre lentos, sinuosos e graciosos.

Nesta região, vive também uma espécie de fauno, de cerca de sessenta centímetros de altura, um pouco parecido ao sátiro da tradição, porém sem a sua feiúra. A parte superior do corpo é como a de um menino de seus doze ou quatorze anos, enquanto a inferior assemelha-se à de um cervo. Possui feições fortemente marcadas e salientes e uma expressão travessa. Os cabelos são ondulados. Eles saracoteiam em volta dos espíritos das árvores, arremedando-os e por vezes juntando-se ao grupo, mas, na maior parte do tempo, são vistos a se divertir, de modo um tanto desabusado, por entre as árvores.

Tais aparições parecem ser banhadas por uma luz entre o cinza e o violeta, uma névoa que emana da terra e alcança uma altura de cerca de dois a três metros.

Lancashire. Fevereiro de 1922.

Esta floresta é composta de pinheirais escoceses, bétulas, faias e freixos, sendo parcialmente cercada por grupos esparsos e irregulares de espinheiros. Ela é a morada de uma pequena colônia de espíritos da Natureza, que chegam a somar aparentemente uma dúzia de exemplares e são muito belos. Possuem estatura e formas humanas, conquanto não sejam diferenciados sexualmente. A sua cor predominante é um verde bastante vivo que, partindo de um fraco matiz à altura dos ombros, vai escurecendo pelo corpo abaixo, cobrindo os pés e formando um traje extraordinariamente belo, uma longa cauda diáfana e iridescente. Toda a figura brilha com uma luminosidade semelhante à da superfície de uma folha nova. A parte superior do corpo é da cor de carne, em tons claros, e o rosto é de uma invulgar beleza, irradiando uma grande alegria. No momento, a colônia se encontra bastante ativa, vagando ou zunindo de um lado para outro da floresta, recordando peixes brilhantes que, num regato límpido, refletem ocasionalmente os raios luminosos. A clareira inteira palpita com a presença destes seres extraordinários: a uma altura de doze metros do solo, eles voam, com rápidas ondulações, pela floresta, imprimindo-lhe um padrão definido de vibração, um forte impulso magnético, através de uma atividade constante e renovada. O seu trabalho visa a estabelecer permanentemente estas vibrações, e seus esforços engendram ondas e oscilações de cores rosa, amarelo, prateado e verde-claro na aura da floresta. O bosque parece ter sido isolado por eles, através de um confinamento magnético assegurado por muros etéricos construídos à sua volta.

Dois deles se detiveram no meio do vôo para nos observar: focalizaram a sua atenção sobre nós e sou capaz de sentir a excitação magnética resultante da comunicação com suas consciências. Eles mantêm contacto com um assistente que se acha às nossas costas e que foi quem primeiramente chamou-nos a atenção para as suas atividades; o seu equilíbrio e a impressão de calma e estabilidade por ele apresentada acham-se em flagrante contraste com a atividade destas criaturas altamente agitadas.

Neste momento, um terceiro espírito da Natureza se deteve na orla da floresta, a cerca de vinte e cinco metros de distância, para nos contemplar com um sorriso radiante e maravilhoso. O fluxo áurico de todas estas criaturas projeta-se a partir dos ombros, para baixo e para trás: é isso o que lhes dá a aparência de envergarem longos vestidos de cauda, de um verde bastante vivo. O fluxo de energias é claramente visível, mostrando-se sob a forma de uma iridescência dourada em meio ao verde que acompanha e indica a direção do fluxo. Os braços parecem invulgarmente compridos e excepcionalmente belos, descrevendo um gracioso movimento ondulatório durante o vôo.

A uma grande altitude (a uns novecentos metros, talvez) acha-se um outro grupo relacionado a este, porém não consigo captar mais do que uma sugestão de figuras móveis, banhadas por cores que recordam as do poente, sendo incapaz de contactá-las. Ao que tudo indica, este lugar é importante reduto de devas e espíritos da Natureza, e está sendo magnetizado por eles para alguma finalidade especial.

DEVA DOS PINHEIRAIS

Numa floresta perto de Celigny, Gênova.
Sexta-feira, 13 de junho de 1924.

Enquanto eu contemplava as fadas e os gnomos que proliferam neste lugar, um deva da floresta surgiu na margem oposta da clareira. Ele possui uma ligação especial com os pinheiros, entre os quais ele se posta. É interessante notar que, enquanto eu o estudava, um grupo de silfos passou por sobre o topo das árvores. O deva olhou para cima e em seguida nos olhou de esguelha, como a indagar se os tínhamos avistado. Ele se sente muito à vontade entre as árvores, como se fosse o seu proprietário, sendo que, na sua vestimenta — ou melhor, naquelas porções de sua aura que se assemelham a um traje —, observam-se franjas e trançados como aqueles que pendem dos pinheiros. Sobre a cabeça, há um leque muito brilhante de cores luminosas, que, combinadas com as franjas, dão-lhe um aspecto de índio norte-americano, com seu cocar de penas e suas roupas esfiapadas.* Tenho certeza de que ele se acha neste lugar desde tempos imemoriais, quando tudo era inóspito e inabitado, e também de que ele assistiu à passagem de muitas raças humanas. Ele parece ser bastante comunicativo e demonstrar uma atitude de maior familiaridade com os homens do que a maioria dos devas. Parece ser uma característica especial desta região o fato de o reino dos homens e o reino dos devas se apresentarem tão intimamente ligados: sinto que os devas não são tão remotos e que a comunicação é mais fácil.

Ele está me mostrando um pouco do seu método de trabalho. Possui a faculdade de expandir consideravelmente a sua aura, de modo a abarcar um grande número de árvores. Ele se coloca junto delas, absorve,

---

* Parece razoável supor-se que os cocares de penas pintadas usados pelos índios são copiados das auras dos espíritos da Natureza, com os quais eles se assemelham.

por meio de um processo bastante parecido com o da inalação, uma determinada quantidade de energia natural, concentrando a sua aura em torno do grupo de árvores sobre o qual pretende agir, para então liberar a sua energia com um efeito altamente estimulante, o que tem como resultado o aceleramento do ritmo de atividade dos espíritos da Natureza, estimulando e incrementando o progresso da consciência incorporada às árvores.*

Quando se desloca pelo espaço, ele dispõe as suas forças áuricas de modo a que elas se dobrem, por assim dizer, às suas costas, provavelmente a fim de que elas ofereçam o mínimo de resistência à liberdade de seus movimentos. Quando ele se acha em repouso, a sua aura volta aos poucos a ocupar a sua posição normal, e então tem-se a nítida impressão de grandes asas. Tais asas áuricas não são usadas para o vôo; a sua configuração resulta antes da maneira pela qual ele dispõe as correntes de força que vibram através de sua aura.

Ele retorna, agora, da floresta, acompanhado por um belo espírito da Natureza, semelhante a uma encantadora jovem, com roupagens alvas e finas, através das quais se entrevê as suas formas. Ela surgiu da floresta a um chamado seu, feito com a mão esquerda estendida, e flutuou graciosamente pelo ar em sua direção, segurando-lhe a mão com indisfarçável alegria, mas também com alguma submissão. Existe, sem dúvida, uma certa afeição entre eles, sugerindo um relacionamento humano de pai e filha, mas contendo também algo de companheirismo. Ela mantém ligação com uma das árvores; alguma porção da constituição psíquica da árvore penetra nela, e essa ligação se mantém durante o tempo da separação. Tão logo foi liberada pelo deva, imediatamente retornou à aura de isolamento magnético proporcionada pela árvore. Suponho que se trate de um espírito da árvore.

Existe neste lugar uma espécie peculiar de gnomos que flutuam pelos arredores com suas longas patas informes roçando a relva; sua cor é marrom-escura, e seu corpo homogêneo é de textura esponjosa. Os braços terminam numa espécie de punhos cerrados e seus pés em pontas. O rosto é escuro, de cor marrom, e suas vibrações são todas elas um tanto estranhas e sobrenaturais. Uma pessoa sensível, aproximando-se do lugar durante a noite, seria capaz de senti-las.

---

* Esse estímulo parece provocar uma resposta das tríades monádicas através dos átomos permanentes.

Nas raízes das árvores, existe também uma interessante variedade de elfos da floresta, um grupo dos quais nos contempla com indisfarçável curiosidade a cerca de vinte metros à nossa esquerda. Possuem grandes cabeças com orelhas longas e pontudas que se projetam para os lados. Os corpos são muito pequenos para o tamanho da cabeça, e sua expressão revela uma mentalidade bastante inferior na escala da evolução. Eles correm e se divertem por entre as folhas mortas, reunindo-se às vezes para formar como que um anel e, de mãos dadas, rodear uma árvore ou um grupo de árvores, executando uma curiosa dança. Parecem habitar as raízes das árvores, pois é delas que os vejo surgir ao nível do chão, como alguém que transpusesse a soleira de uma porta.

Nateby, Lancashire. 1º de setembro de 1922.

Este é um bosque pequeno e comprido, formado por olmos e freixos bem desenvolvidos, com cerca de meio acre de extensão. Ele se distingue dos estudados até aqui pelo fato de ser habitado por um único espírito da Natureza, cujos métodos de trabalho são também, por sua vez, invulgares. Trata-se de um deva consideravelmente desenvolvido e que atua sobre o bosque de um ponto no espaço situado a cerca de 90 metros acima do topo das árvores.

Embora assexuado, a sua figura é positivamente masculina. Suas cores principais são o carmim vivo e o dourado; o rosto é singularmente belo, os olhos brilhantes e sombrios; abaixo dos ombros, a figura se torna indefinida em meio ao forte influxo da aura, que abarca todo o bosque, encerrando-o num confinamento áurico. Aí observa-se um fluxo dirigido verticalmente para o alto e que parte do centro da aura do deva; psiquicamente, o todo parece maciço, sendo o espaço interior do envoltório áurico inteiramente preenchido por finas linhas de força.

O deva permanece um tanto imóvel e, a julgar pela expressão de seus olhos, extremamente vigilante e atento. Às vezes, com um movimento dos braços, ele direciona os fluxos de energia; a figura, no seu todo, constitui uma das visões mais belas que já me foram dadas presenciar.

A aura do deva propriamente dita configura uma maravilhosa forma ovóide, com matizes brilhantes, predominando os matizes das cores já mencionadas, e que alcança uma altura de algumas centenas de metros: ela resplandece e cintila como uma *aurora borealis,* enquanto a sua porção inferior, que abarca a floresta, desfaz-se em graciosas curvas e possui uma cor carmim, acrescida de finos pigmentos ou centelhas douradas em volta dos fluxos.

Suas dimensões são um dado de interesse: a sua altura, do nível do chão ao ponto mais elevado da aura, é de cerca de 45 metros, sendo que a copa da floresta possui aproximadamente a extensão de 16 x 27 metros.

DEVAS NACIONAIS

Um deva nacional da Ilha de Man.
Ilha de Man. Lake District. Agosto de 1922.

Apercebi-me da presença, a uma distância não muito grande, de um deus de aspecto majestoso e grande poder. Ele se acha em algum ponto próximo do topo da colina, contemplando do alto, com a cabeça ligeiramente reclinada, a ilha por ele supostamente regida. Sobre a sua augusta cabeça há uma coroa de cinco pontas — uma grossa faixa, na qual se destacam cinco pontas, a intervalos regulares, ao redor da cabeça, aparecendo uma sobre cada têmpora. Na mão direita, segura um rebenque ou bastão de Baco; a sua figura é gigantesca e hercúlea, sugerindo uma potência extraordinária, quase irresistível. No seu todo, a figura não é muito nítida para mim, mas pode ser que isso se deva à minha incapacidade para divisá-la claramente à distância. Ele continua imóvel, à espreita, atento, em estado de alerta: obviamente, a sua consciência está dirigida para planos superiores, que se acham fora do alcance convencional da figura que consigo entrever de longe. Sem dúvida, existe alguma ligação magnética, para não dizer espiritual, entre esta região e a Irlanda, representando, a figura descrita, as forças espirituais dessa antiga nação — um posto avançado da consciência espiritual da Irlanda. Parece tratar-se de um deva superior, dotado de poderes especiais sobre os elementos (uma espécie de *Jupiter Pluvius et Tonans* da Ilha de Man). Talvez devesse classificá-lo como um gênio presidente, um deva nacional, um antigo soberano dessa nação — ainda que, em certo sentido, ele pareça estar ligado mais à ilha, propriamente, com toda a sua diversidade de condições naturais e seus habitantes sobrenaturais, do que a seu povo, embora este último encontre-se também ao alcance de sua consciência.

De algum modo difícil de explicitar, tenho consciência de que na Irlanda existe um ser ainda mais poderoso, que ocupa o topo de uma hierarquia de espíritos à qual pertence este que foi descrito. É evidente que ele conta com seus agentes entre as espécies inferiores de espíritos da Natureza, sendo nesta categoria, portanto, que eu deveria classificar os devas avistados no cume do Snaefell. Uma tentativa de estabelecer contacto com a sua consciência produziu, ao contrário do que eu esperava, não uma compreensão melhor de sua natureza, mas visões do passado histórico da ilha que fazem parte de sua memória.

Diviso uma raça de homens altos e fortes, semelhantes aos Vikings, nas encostas da colina, abrindo caminho a partir de seus barcos ancorados ao largo da costa noroeste, até o Snaefell, como se tivessem sido convocados para um conclave. Possuem uma forte compleição e são bem proporcionados. Suas vestes são de peles, seus cabelos são longos e a sua fala é áspera e gutural. Um outro grupo de homens bronzeados se aproxima, vindo do sul e do sudoeste da ilha, e então se torna óbvio, a partir deste plano de consciência, que no passado remoto houve muito sangue derramado entre eles. A ilha, naquele tempo, era maior do que hoje, sendo povoada por duas raças ou tipos diferentes, e as suas relações, tanto espirituais como materiais, eram muito mais fortes com a Irlanda do que com a Inglaterra.*

O DEUS DO HELVELLYN

Junho de 1922.

Um ser onipotente habita a montanha Helvellyn. Ele se mostra para mim como uma figura sentada, de formas humanas e dimensões colossais. Ao tentar estudá-lo, vejo-me desprovido de quaisquer critérios com os quais avaliar a sua estatura e comportamento. Parece achar-se imóvel e, no entanto, sugere uma intensa atividade. É pacífico, mas não deixa de ser o soberano incontestável do lado vivo da montanha.

---

* A tradição nos informa acerca de uma deidade chamada Manaan, um soberano divino, que reinava sobre súditos não-humanos, conhecidos como "hostes", cuja aparência correspondia em alguns detalhes ao Deva retratado no cume do monte Snaefell.

No plano de consciência em que ele se manifesta para mim, de modo algum influem as limitações do espaço geográfico; assim, se por um lado a sua figura parece estar encravada no volume maciço da montanha, por outro, a sua cabeça parece alcançar as nuvens.

Suas emanações áuricas imediatas não lembram nenhuma que eu já tivesse visto; elas consistem de um grande número de labaredas pontiagudas, que se irradiam em todas as direções, atingindo grandes distâncias. Embora tais distâncias não se deixem medir por nenhum critério que seja do meu conhecimento, suponho que elas alcancem uns trezentos e cinqüenta ou quatrocentos e cinqüenta metros a partir de sua figura, que se situa mais ou menos no centro e no cume do maciço do Helvellyn; mais além das estrias observadas, a sua aura estende-se praticamente por toda a montanha, cuja base, afirma-se, tem um circuito de sessenta quilômetros. Uma extensão tamanha dificilmente poderia ser descrita como sendo a de uma aura; trata-se antes do raio de ação sobre o qual a sua influência pode ser imediatamente sentida.

Ele parece estar sentado, em profunda meditação, imóvel e sem expressão, a não ser pelos seus olhos radiantes de poder — o poder de uma consciência altamente desenvolvida e ativa. Mesmo a essa distância (cerca de cinco quilômetros), os olhos produzem um sensível efeito sobre a minha consciência. Luzem como dois lagos de fogo. Sua consciência está pousada na eternidade, parecendo profundamente enraizada e inabalável, tal como a montanha na qual ele reside. Permanece imóvel, firme como a própria montanha. Dele emanam poderosas forças espirituais, que se irradiam de sua aura pelo espaço afora. Rodeiam-no devas inferiores e espíritos da Natureza, seres aéreos, cujos movimentos dão-nos a impressão de que eles são ora mensageiros, ora servos, embora eu não veja indícios de recebimento ou remessa de qualquer mensagem ou ordem emitida pelo Deus imóvel em torno do qual é representada esta peça fabulosa da existência dévica.

O CUME, GRAND SALEVE, SUÍÇA

10 de junho de 1924.

Pairando nas alturas, sobre o imponente pico da montanha, vê-se a figura de um grande anjo, que se pode considerar como sendo o deva nacional da Suíça. A julgar pelas formas-pensamento que o cercam e modelam a sua aparência nos planos inferiores, parece ser um membro da hierarquia deva, ocupando uma posição de soberano e guia.

A forma-pensamento nacional da Suíça, um grande vulto, munido de um escudo vermelho sobre o qual se desenha uma cruz branca, parece incorporada a este ser, e é assim, com essa aparência, que o vejo agora, imóvel no espaço, a uma altura três vezes maior que a do Dent du Midi. É uma criatura maravilhosa, de estatura imensa, que, embora eu não disponha de qualquer meio para avaliá-la com precisão, parece ser de pelo menos seis metros. O seu olhar é compassivo, tranqüilo e benévolo; em torno de sua cabeça podem-se ver diversos devas inferiores em constante movimentação, indo e vindo sem parar, provavelmente mensageiros chegando e partindo para os cantões, as cidades e as aldeias.

Este deva distingue-se de todos os que vi até agora pelo fato de que a sua vibração é muito pouco diferente da nossa, e as suas atividades intelectuais são notavelmente semelhantes às humanas; além disso, também se observa nele uma fabulosa virtude de compaixão e a mais íntima compreensão em face da humanidade, o que certamente não ocorre com os demais membros do reino dos devas até agora contactados; tampouco se nota aquela intensa atividade corpórea e áurica, aquela descarga precipitada de energias que caracteriza os devas da Natureza; pelo contrário, a impressão que ele nos deixa é de infinita calma, uma impassibilidade como a da própria montanha, exceto nos olhos e em redor da cabeça, onde persiste uma incessante vibração, semelhante a labaredas multicoloridas. Em certo sentido, se poderia dizer que toda a nação é alcançada por sua aura, que flui para baixo, expandindo-se para conter todo o potencial de sua grande carga.

CAPÍTULO VIII

ESPÍRITOS DA NATUREZA E ELEMENTAIS NO CERIMONIAL*

A descrição que se segue dá alguma idéia do aspecto e da natureza das entidades artificiais criadas pelas práticas da magia, bem como dos autênticos espíritos da Natureza que assistem aos cultos ou neles tomam parte.

UM ELEMENTAL

Whitendale. Abril de 1922.

"Numa encosta de colina, enterrada até a altura dos ombros, foi vista uma entidade de formas humanas. Inteiramente negra, com uma fisionomia satânica é, dentre as criaturas que já vi, a que mais se assemelha à imagem tradicional do demônio. Parecia um prisioneiro da terra, deixando ver apenas a cabeça, os ombros e os braços. Seu rosto ostentava um olhar diabólico e furtivo. A criatura lutava para se ver livre dali. Dava a impressão de possuir uma idade avançada e uma reduzida vitalidade. Tratava-se de uma entidade remanescente dos antigos ritos mágicos. Naqueles tempos longínquos, ela era livre — demônio maligno, sob a forma de um gigantesco vampiro. Ela foi concebida e utilizada por uma seita de sacerdotes, os adoradores dos 'Senhores da Sombra', a fim de cumprir os seus malignos desígnios.

Entrevejo, desde o remoto passado, vestígios dos rituais misteriosos e sacrílegos que eram realizados nestas redondezas. Em volta de

---

* Essas entidades foram descritas pelo Reverendíssimo Bispo C. W. Leadbeater em sua *Science of Sacraments* [Ciência dos sacramentos].

um grupo de mágicos, acham-se inúmeras entidades menores, todas elas inteiramente negras na cor, sobre as quais parece imperar a criatura acima descrita. Esses demônios menores movimentam-se sem parar, saindo ou retornando ao círculo. Os detalhes destas práticas são horríveis demais para serem relatados, e, por mais remotos no tempo, a influência maligna e a terrível fedentina desses rituais ainda perduram na luz astral. Os seus praticantes literalmente se espojavam no sangue e no terror.

A parte inferior do corpo (mais especificamente os pés) da entidade enterrada está ainda imersa em emanações e fluidos produzidos pelos rituais sangrentos. A criatura está condenada à desintegração, contra o que luta com tudo o que resta de suas energias, cada vez mais fracas. Este processo já leva milhares de anos: o duplo etérico da figura vai apodrecendo lentamente, a partir dos pés. A menos que a desintegração seja artificialmente acelerada, parece que muitas centenas de anos serão ainda precisos para que o espírito maligno aí aprisionado se veja inteiramente livre. A sua figura, que se assemelha à de um homem gigantesco, negro como o azeviche, foi artificialmente criada por meio de rituais sangrentos e práticas de magia. Suas formas são humanas e, contudo, sobrenaturais, pois possui um rabo e os pés se resumem a dois enormes dedos. É com grande alívio que abandono seu estudo para voltar minhas atenções para os pequenos seres amistosos e encantadores que brincam, voam e correm pela encosta coberta pela urze."

ELEMENTAL

Nos campos vizinhos a Preston. Setembro de 1921.

"Uma entidade desagradável ficou a nos observar por algum tempo, a uma distância de dez metros à nossa esquerda. Suponho que se trate de uma entidade artificialmente criada, provavelmente um remanescente das práticas de bruxaria tão difundidas neste país durante os séculos dezessete e dezoito.

O seu aspecto e a sua expressão modificam-se continuamente como resultado da influência de uma espécie de mentalidade automática que o seu criador imprimiu-lhe.

Na primeira vez em que foi vista, parecia ter uma cabeça enorme e o corpo e os membros muito pequenos; usava um capuz pontudo, o seu rosto possuía uma expressão inumana e era incrivelmente feio. Um exame mais detido mostrou que o seu rosto era totalmente avermelhado, a boca comprida, na qual despontavam alguns dentes estragados, perpetuamente aberta, num esgar malévolo e repugnante. A sua figura aparenta muita idade e parece alquebrada, chegando a cambalear quando se manifesta em sua forma etérica presente, alcançando o seu limite máximo de densidade e materialização. A vegetação em decomposição, os detritos e gravetos à deriva nos riachos oferecem-lhe as condições para que a sua existência se prolongue.

Antes de notá-la, eu estava observando as cambalhotas de uns elfos pequeninos sob uma árvore, e o contraste entre a sua pureza e beleza e a fealdade maligna da entidade, era dos mais flagrantes.

Apoiando-se num bastão, ela se dirige cambaleando pela relva na direção dos elfos que interrompem as suas brincadeiras e se agrupam, à medida em que ela se aproxima. A sua atitude para com eles é de uma evidente hostilidade. Felizmente, ela se acha totalmente esgotada para causar-lhes algum dano. Poderia gelar de horror qualquer ser humano que se aventurasse a entrar em contacto com ela e constatasse a sua natureza perniciosa.

Enquanto a observo, a sua figura se torna menos densa e amplia-se até alcançar as dimensões e as formas humanas; ela se parece bastante com a bruxa da tradição. De repente, monta no seu bastão, com uma perna de cada lado, e decola pelos ares, grasnando à medida em que atravessa o meu campo de visão."

ESPÍRITOS DA NATUREZA OBSERVADOS NUMA MISSA CELEBRADA

Harpenden. 1924.

Durante a celebração da missa, percebi a aproximação de espíritos da Natureza das mais variadas espécies, os quais pairavam numa nuvem grande e radiosa, imediatamente ao alcance das vibrações da cerimônia. As criaturas menores — fadas, espíritos das árvores e alguns homúnculos — banhavam-se nesta atmosfera de energia, com movimentos contínuos e graciosos. Os membros superiores e mais evoluídos da nossa seita secreta permaneceram relativamente imóveis, observando e absorvendo as forças que se irradiavam pelo local e contribuíam enormemente para a pureza e a beleza do ofício. Do princípio até a bênção final, eles partilharam a cerimônia conosco, e, ao final, dispersaram-se lentamente, retornando às suas moradas nas árvores, nos trigais, nas sebes e nas flores, levando, de acordo com a capacidade de cada um, um pouco da bênção que tínhamos todos recebido.

Além dessas criaturas fantásticas que se encontravam ao nosso lado na igreja, também marcaram presença as hostes de anjos que estão explicitamente associadas aos ofícios da celebração.*

UM CÍRCULO DRUIDA

Agosto de 1922.

(Enquanto eu tentava estudar os habitantes fantásticos da região do Lago Inglês, fiz uma visita ao Círculo dos Druidas, próximo a Keswick. Os acontecimentos relatados a seguir pareciam estar impressos de modo tão indelével no lugar, que optei por descrever aqueles mais ao alcance da minha visão, em vez de estudar a vida fantástica que normalmente se encontra na região.)

"Trata-se de um *círculo druida* completo, formado por pedras separadas, cuja altura varia de trinta centímetros a dois metros, cercado de montanhas por todos os lados, exceto ao Leste.

Contra o fundo das muitas cenas estranhas que se desenrolam ante o olho interior, destaca-se vivamente a poderosa influência que sobre o lugar exerce a personalidade de um homem. Figura grandiosa, sacerdote, guia e curandeiro de seu povo, ele se sobressai, como um daqueles vigorosos heróis da antiguidade que encontramos nas histórias do passado.

A sua estatura é superior à média, a sua figura é imponente e respeitável, com longas barbas e cabelos que, recentemente, se tornaram totalmente brancos; veste um traje de peça única que chega até os pés, algo parecido com a sobrepeliz dos dias de hoje. De onde esta-

---

* Veja nota da pág. 99.

mos sentados, eu o vejo de pé no interior do círculo de pedras; atrás dele, acha-se um grupo de sacerdotes vestidos como ele. Desfraldada no topo dos altos rochedos, que agora não mão existem, vê-se uma bandeira do branco mais alvo, em que está bordada uma serpente dourada. Uma grande concentração de pessoas permanece a certa distância do círculo externo, como se aguardasse um sinal. O sumo-sacerdote, que evidentemente é um mestre na magia, ergue os braços para os céus, alça os olhos e emite um forte grito. Inúmeros devas, das mais variadas espécies, pairam no ar, e, a seu chamado, uns seis ou sete entre os maiores formam um círculo acima de sua cabeça, a cerca de vinte e cinco a trinta metros de altura; suas mãos se encontram num ponto acima da cabeça do sumo-sacerdote e então se origina o fogo, cuja materialização torna-o visível para a visão física.

Um dado relevante acerca desses devas maiores é que todos trazem uma coroa na cabeça, feita de uma cinta de ouro na qual estão incrustradas pedras preciosas de um brilho deslumbrante; a certos intervalos, esta cinta se estende em pontas para cima, sendo que as maiores se formam por sobre a testa.

O fogo baixa ao altar de pedra defronte ao sumo-sacerdote e arde sem combustível visível. Os outros sacerdotes formam, então, dois grupos e marcham na direção do altar, entoando baixinho um hino um tanto gutural. Os participantes se distribuem em filas voltadas para cada uma das três entradas, ao Norte, Sul e Oeste, e então marcham para o centro do círculo, onde chegam quase a se encontrar, deixando uma extensa área desimpedida. O sacerdote e os participantes, à exceção do sumo-sacerdote, prestam então suas homenagens ao fogo; estendem os braços para a frente e baixa a cabeça, assim permanecendo, enquanto uma longa prece é dita pelo sumo-sacerdote. Um poderoso cinturão magnético estende-se, então, em volta do círculo, cujos efeitos ainda hoje são sentidos, produzindo um isolamento tão forte, do ponto de vista ocultista, quanto aquele proporcionado pela solidez de um templo. Enquanto os participantes continuam de cabeça baixa, os devas descem até eles e uma força, algo como uma descarga de relâmpago, manifesta-se sob a forma de uma imensa cruz em suas costas. Os espaços existentes entre os braços da cruz são ocupados por espíritos da Natureza menores, alguns dos quais atuam como obreiros, sustentando o fluxo de energia ao longo das linhas da cruz, enquanto outros, aparentemente, fazem parte da congregação, tal qual os seres humanos.

O sacerdote naturamente tem consciência da presença de uma poderosa entidade espiritual, a quem são dirigidas suas preces e de quem, aparentemente, chega uma resposta. Tal entidade pode ser um *nirmanakaya** ou um deva superior, sendo que a fonte da qual emanam as forças e sobre a qual a entidade zela parece estar localizada nas alturas, exatamente sobre o templo.

Os resultados da prece são notáveis: o próprio céu parece abrir-se, e um poderoso fluxo de energia se derrama para dentro do quadrado central formado pelas três fileiras de participantes e pelo altar. Os participantes agora se mantêm de pé e a atividade dos devas intensifica-se, com o objetivo de que o máximo dessa força atinja as pessoas, com um mínimo de desperdício e perdas. O fluxo que vem do alto continua ainda por algum tempo, formando um verdadeiro pilar de energia viva, algo cujo aspecto custa-me descrever, pois que as minhas palavras seguramente não chegam para tanto. A descrição mais aproximada que posso oferecer é compará-lo a uma madrepérola em estado líquido, uma lava incandescente e opalescente, tingida por um certo matiz rosa. Ela penetra bem fundo no chão e torna a reaparecer à superfície para então se projetar nas alturas, fora do alcance de minha visão. O sumo-sacerdote, bem como alguns dos sacerdotes, consegue divisá-la claramente; todos os participantes sentem a sua presença, mas poucos a enxergam. A atitude de todos denota um grande respeito, tanto da mente como do corpo, compenetrando-se da natureza sagrada do evento.

A um sinal do sumo-sacerdote, um certo número de pessoas velhas e enfermas se dirige ou é carregada até os espaços existentes entre os braços da cruz formada pela congregação, e daí para o seu interior; os que mal se agüentam em pé são deixados sobre a relva, ao lado do pilar formado pelo fluxo de energias. Faz frio, o que parece aumentar o sofrimento dos doentes mais idosos. No entanto, a posição por eles ocupada agora causa uma sensível melhora no seu estado. Vejo erguer-se um homem, velho e decrépito, que fora deixado na extremidade norte do quadrado, apoiando-se sobre o cotovelo direito e estendendo a mão esquerda na direção do pilar, como se procurasse aquecer-se ao fogo. Uma onda de calor e energia magnética perpassa a sua ossatura,

---

* Adeptos, "Senhores da Compaixão", que sacrificam sua beatitude (Nirvana) a fim de auxiliar a humanidade (*Glossário*, de Hoult).

os seus olhos tornam-se brilhantes e, passado algum tempo, ele já se ajoelha e permanece nessa posição, ainda vacilante, mas sensivelmente melhor, tanto de mente como de corpo. Junta as palmas das mãos, formando uma taça na qual um dos sacerdotes despeja um líquido meio amarelado, que o ancião ingere. Muitos outros, homens, mulheres e crianças, recebem esse líquido. As feridas são curadas instantaneamente pelo sumo-sacerdote, que se limita a passar-lhes a mão. Uma poderosa energia emana dele e o seu corpo parece inteiramente iluminado por uma luz dourada; obviamente, ele sabe tudo acerca dos poderes interiores do homem, e o seu toque possui um efeito mágico sobre os pacientes. Esta parte da cerimônia dura provavelmente vinte minutos ou meia hora, e depois dela todas as atenções se voltam para a figura do sumo-sacerdote que, do alto de uma rocha plana, profere uma exortação. Não consigo entender uma só palavra de seu discurso, mas o teor deste parece ser um apelo aos homens, uma incitação a que o povo alcance a sua unidade e independência. Observa-se também a presença de alguns espíritos selvagens e baixos que, embora subjugados no momento pela força do sumo-sacerdote e da cerimônia, não são em absoluto moderados e dóceis quando em meio à devassidão de que procedem.

Tendo concluído a sua exortação, o sumo-sacerdote orienta a multidão numa prece em ação de graças e todos juntos se inclinam respeitosamente por três vezes, tal como na abertura da cerimônia. Na terceira vez, enquanto a multidão permanecia de cabeça baixa, o sumo-sacerdote tornou a olhar para as alturas e a falar; o fluxo de energia que vinha do alto cessou subitamente e o pilar desapareceu. Os participantes, então, viraram-se e, cantando junto com o sumo-sacerdote, deixaram o círculo por onde haviam entrado. Fora do círculo, quebraram a sua formação original e passaram a aguardar; então, o sumo-sacerdote virou-se na direção do símbolo da serpente e dos outros sacerdotes que estavam em frente a ele, disse algumas palavras e os abençoou, descrevendo rapidamente com as mãos alguns símbolos no espaço, parecendo formar círculos ou espirais, e que se faziam visíveis à medida em que passavam de suas mãos para a aura dos sacerdotes; estendeu os braços na direção deles, para em seguida abri-los, abarcando o grupo. Os sacerdotes abaixaram-se e um fluxo de energias, vindo do sumo-sacerdote, foi-lhes transmitido, bem como para o estandarte da seita; isso levou um bom tempo, uns dez segundos talvez, durante os quais os sacerdotes foram sacudidos por uma grande exaltação; o estandarte foi então recolhido, e os sacerdotes deixaram o círculo, trocando palavras com os seus conhecidos ou afastando-se em sua companhia, à medida em que todos se dispersavam. O sumo-sacerdote e mais alguns, no entanto, além de certos membros da congregação que pareciam ligados à sua pessoa, desceram a encosta para o Leste, onde havia um grupo de rochas no sopé da colina. Cada um parecia possuir uma cela própria, na qual havia uma cama rústica, feita de terra e turfa. As janelas eram abertas nas paredes e a atmosfera do lugar era positivamente primitiva, embora não fosse desconfortável. Logo após ocupar o seu compartimento, o sumo-sacerdote sentou-se num banco e entrou em transe; parece ter ficado neste estado por muito tempo, pois a sua consciência sem dúvida conseguira desprender-se do corpo.

Toda a região em volta era muito mais selvagem e desolada que hoje, e muitas batalhas foram travadas continuamente em diversas regiões, em razão dos saques realizados por tribos das redondezas. Parece que algumas das feridas curadas durante a cerimônia haviam sido causadas por essas batalhas.

Obviamente, em muitas cerimônias, somente os sacerdotes eram admitidos. Posso vê-los, no interior do círculo, saudando o Sol nascente. Em outra ocasião, a cerimônia estava sendo realizada durante a noite, sob o céu estrelado, e a atenção de todos se voltava para uma estrela que brilhava a noroeste, pouco acima da linha do horizonte. Percebo, também, uma espécie de troca de sinais, pois nos cumes do Skiddaw, do Blencathra e do Helvellyn há pessoas cujas atenções estão voltadas para o círculo, de onde se avistam perfeitamente os sinais por eles emitidos. Para isto, serviam-se aparentemente do fogo.

Um sistema de disciplina meditativa era obviamente adotado pelos sacerdotes, alguns dos quais possuíam a faculdade de entrar em transe por suas próprias forças. O templo parece estar em contacto magnético com um outro centro da mesma religião, situado muito longe, a sudoeste.

Em períodos mais recentes, quando nada mais restava desse sacerdote senão a sua memória, ele passou a ser adorado quase como uma divindade por sucessivas gerações, que o tinham como guia e fundador de seu templo e sua religião. Um poderoso conhecedor da magia branca é o que ele parece ter sido, bem como mestre e benfeitor de seu povo. Vejo-o, muito depois dessa cerimônia, muito velho, mas ainda perfeitamente aprumado, a cabeça embranquecida, amparado por dois sacerdotes, seguindo lentamente pelo caminho que vai da sua morada até o templo, onde uma grande multidão está reunida. A sua chegada é saudada por um forte grito e por braços erguidos que agitam armas e bastões. A gritaria acaba em burburinho à medida em que ele se aproxima do altar para, em seguida, abençoar a multidão com sua voz fraca, estendendo a mão direita e abanando-a lentamente sobre a massa que se acha no interior do círculo, começando do sul e passando lentamente do oeste para o norte. Todos estão de cabeça baixa; uma perfeita calma toma conta do lugar; quando voltam a erguer os olhos, ele já está a caminho de sua morada; olhos inquietos o contemplam, na última vez em que o vêem. Uma forte comoção toma conta de todos; alguns irrompem em lágrimas e clamam por ele.

Entre os seus sacerdotes, estão alguns jovens de caráter irrepreensível, a quem ele transmitiu uma grande parte de sua sabedoria mística e em cujas mãos ele deixa a tarefa de levar adiante os cultos e o ministério no templo, depois que ele os tiver deixado.

Quão diferente é a cena com que nos deparamos agora! O Sol se põe com seu dourado esplendor e o sossego da tarde de verão é quebrado apenas pelo chamado estranho e longínquo do maçarico e pelos berros de inúmeros carneirinhos que, ao lado de suas mães, esperam pelo fim do dia, no interior do círculo ou à sua volta. Muito da antiga influência magnética persiste ainda e pode ser sentida; as antigas cerimônias deixaram uma impressão tão forte sobre o lugar, que a sua visão jamais se apaga para o olho interior.

Outras cenas, nem um pouco belas e sagradas, também já se desenrolaram aqui; outros sacerdotes de aspecto sombrio e aterrador tomaram posse do círculo. Um vulto feroz, semelhante a um Viking, usando um capacete de chifres, põe-se ao lado do altar segurando um punhal ensangüentado. O temor toma agora o lugar do respeito reverencial nos corações e nas mentes da congregação, e o ódio expulsa o amor. Nenhuma bênção das alturas recairá sobre eles doravante. Agora, é uma força que vem das profundezas, que se levanta como que do centro da Terra em resposta à invocação; repugnantes como o diabo são as formas das entidades que atendem ao ritual sangrento. Agora, as mulheres coabitam com os homens no antigo monastério, e a disciplina e o autodomínio de outrora se perderam.

Em períodos mais recentes, este anel, outrora sede de ritos tão sublimes, foi ignominiosamente conspurcado pelos adeptos dos "Senhores da Sombra", e ainda é sensível no lugar a impressão da cena de carnificina que se seguiu à sublevação das tribos vizinhas contra os abusos a que foram sujeitadas por tantas gerações. Sacerdotes e sacerdotisas foram assassinados, vítimas foram libertadas e, em sua fúria, os amotinados demoliram as moradas do sopé da colina e derrubaram muitas pedras do templo.

Passados milhões de anos, é a primeira força, autêntica e elevadora, a que perdura de modo indelével sobre o lugar, testemunhando algo da grandeza da religião dos tempos antigos."

Leia também

O MUNDO REAL DAS FADAS

Dora van Gelder

Muitas pessoas desejam, com veemência até, acreditar na existência das fadas. A Gente Pequena está tão ligada às felizes recordações da infância que essas lembranças a deliciam como parte de um mundo menos materialista. Mas, para a maioria de nós, as fadas permanecem como uma ilusão perdida. Eu, entre outros, tenho visto toda espécie de fadas, até onde minha memória alcança, e ainda as vejo diariamente. Por vê-las entendo que elas estão fora de mim, como as árvores, por exemplo, e são vistas com a mesma objetividade.

Nas páginas deste livro eu me proponho a transformar esses adoráveis seres numa realidade igual à minha. Mas é melhor, logo de início, deixar bem claro qual o motivo das vantagens especiais que tenho para tanto. Em primeiro lugar, tendo nascido no Oriente, nunca fui desencorajada em minhas observações sobre fadas, porque lá existem muitas pessoas que realmente as vêem, e muitas mais que nelas acreditam.

Por essa e por outras razões, o poder de vê-las, que não é incomum em crianças, persistiu em mim. Depois, tive a sorte de nascer numa família e de viver entre amigos que incluíam algumas pessoas que também podiam vê-las; por fim, as viagens aumentaram essa lista de vantagens. Portanto, o que vou relatar aqui não é fruto da imaginação de uma criança isolada. É informação reunida em muitos contactos e conversas com fadas durante anos a fio, em circunstâncias perfeitamente naturais, apesar de nada comuns.

EDITORA PENSAMENTO

AURAS HUMANAS

Colette Tiret

Apresentamos aqui um trabalho absolutamente original porque, pelo que sabemos, está sendo feito pela primeira vez.

Há mais de trinta anos que vimos pesquisando no campo da parapsicologia e, mais particularmente, sobre a aura humana, essa paleta de infinitos matizes que forma um nimbo ao redor do corpo humano vivo e cujas cores traduzem fielmente todos os estados de alma das pessoas.

Este estudo foi feito por um método de nossa invenção e que proporciona resultados de extraordinária precisão — método que só agora conseguimos testar, controlar e objetivar, graças ao computador, instrumento moderno e de absoluta exatidão.

Depois de fazer a aura de uma pessoa pelos meios habitualmente oferecidos pela parapsicologia, submetemos essa mesma pessoa a longo questionário, com centenas de perguntas, de um método americano de psicologia diferencial, o método de Guilford-Zimmermann, usado comumente para a seleção de pessoal e para definir a caracteriologia dos candidatos a cargos nas grandes empresas. Essas perguntas conseguem delimitar cada personalidade humana. O método é reconhecido como válido e o plano das perguntas adapta-se perfeitamente à folha de respostas do computador.

Com a alegria do pesquisador que faz uma descoberta, constatamos que os dois processos — o parapsicológico e o da psicologia diferencial — "batiam", como se diz familiarmente, o que constitui uma prova. As duas análises se superpõem em 98% dos casos.

* * *

A obra de Colette Tiret recebe neste volume o aval do Dr. Marcel Martiny, professor da Escola de Antropologia e presidente do Instituto Metapsíquico Internacional de Paris.

EDITORA PENSAMENTO

O MUNDO MÁGICO DOS SONHOS:

O Conhecimento Iniciático e Simbólico dos Sonhos

MARIO MERCIER

Conquanto a psicanálise tenha tentado codificá-lo e até mesmo catalogá-lo, o sonho escapa a qualquer tipo de classificação por constituir não uma manifestação do inconsciente — este deus impessoal e prático ao qual atribuímos tantos fenômenos! — mas antes de mais nada por significar uma *tentativa de aproximação do mundo divino,* liame a ligar o mundo invisível com o mundo visível através do duplo astral. É preciso, pois, saber como se defender das concepções puramente intelectualistas que a psicanálise tenta impingir-nos.

No correr dos tempos, infelizmente, o homem enregelou-se interiormente — fato ocorrido quando perdeu a rica sensitividade e a mentalidade mágica que dele fizeram o *médium colocado entre o Céu e a Terra.* Tendo-se tornado uma figura abstrata, a par de um teórico das coisas do espírito, o homem transformou-se num deserdado da pura essência do "sentir". Prisioneiro de um sistema de pensamentos falsamente intelectualistas e terrificantes, perdeu a chave da alma — a verdadeira identidade —, perda essa que praticamente lhe fechou os meios de acesso ao genuíno Conhecimento.

Para escapar à mediocridade que lhe desabou sobre a cabeça, restou-lhe o poder de contactar e de receber as forças espirituais do mundo do sonho. Desse modo, ele poderá reencontrar a *primitiva função mágica* — sua *essência mística* — e recuperar a verdadeira dimensão. Afinal de contas, *o que é a vida senão um sonho terrível do qual só acordamos com a morte?*

EDITORA PENSAMENTO

Editora Pensamento

Rua Dr. Mário Vicente, 374
04270 São Paulo, SP

Gráfica Pensamento

Rua Domingos Paiva, 60
03043 São Paulo, SP